JN193266

にぎやかだけど、たったひとりで

人生が変わる、大富豪の33の教え

Takatoshi Maruo
丸尾孝俊 × 吉本ばなな
Banana Yoshimoto

幻冬舎

にぎやかだけど、たったひとりで

人生が変わる、大富豪の33の教え

ブックデザイン　鈴木成一デザイン室

目次

第二章 他人のことを考え続ければ儲かる

第三章 リミッターを外して生きる

第四章　兄貴への質問

兄貴について

吉本ばなな

この本は、「成功とか大富豪という観点からではなく、生き方というところから見た兄貴の本を作る」と数年前に兄貴と固く約束したチーム石原（私こと吉本ばなな、私の家族、私のアシスタントの井野愛実さん、幻冬舎の石原正康さん、壷井円さん）が、兄貴こと丸尾孝俊さんの貴重なお時間を三日間いただいて、お話を聞いて作ったものです。ですからほんとうは私の名前ではなく「チーム石原」で行きたかったのですが、石原さんが表に出るのを固辞されたので、私が代表で名前を出させていただいています。

名編集者でありプロのインタビュアーでもある石原さんが質問のほとんどを考え、その合間に私やそこにいたゲストの人たちが素直にさらなる質問を重ね、兄貴のお話をいろいろな角度から聞くという作りになっています。

私はかなり偏ってはいますが一応女性なので、あくまで女性としての生き方があり、兄貴の教えをそのまま実践できない面はあるのです。しかし、兄貴の思想を日常の中で活かすことはできます。この本は、女性が読んでも参考になる本にしたいと意識しました。成功、大富豪、地主、移住。その表の面の奥にある兄貴の良さの深い味わいみたいなものをわかってもらえたらと思います。それを書き残すことができたら、光栄だと思います。

その場ではあまりしゃべらず、なるべくやりとりをじっくり聞き、メモを取り、質問もはさみながら、書くことを決めていきました。各章にこれまで私が遊びに行くようになってからの七年間くらいのあいだに見てきた兄貴のエピソードを、少しずつ書いていきます。

チーム石原のみんなと、そのとき兄貴の家にいらしたゲストの方々、滞在中たくさんお世話してくださった森田潤さん、望月龍平さん、ラーメンを作ってくださった小田原「圭一屋」の圭一さん、兄貴のアシスタントのひろさん、さきさん、兄貴邸滞在のボランティアの方々（ひとりひとりお名前をあげることができなくてごめんなさい）、お手伝いさんたち（インドネシア人のかわいい人たち）、すばらしい歌を聞かせてくださったユウサミイさん、いつも笑顔でお話ししてくださった上方陽一郎さん、政本康之さん、兄貴の本『出稼げば大富豪』他多数のすばらしい本の著者クロイワ・ショウさん、そしてあの期間その場にいたゲストの全ての人たちに感謝します。あの三月の楽しい夜の雰囲気がここにはみんな入っていると思います。ありがとうございました。

それからその前の旅でずっと私たちの面倒をみてくださり、うちの子どもを現地の小学校訪問にいっしょに連れていってくれた上田武史さん、笠原慎也さん、ありがとうございました。あの旅がこの旅にしっかりつながっていることを、実感しています。

そしてだれよりも！　兄貴こと丸尾孝俊さん。ほんとうはのびのびといろいろなゲストと話したり、温泉に入ったりできるはずの大切なお時間を、私たちにたくさんくださってありがとうございました。

言葉にはできないほどたくさんのものを私たちは受け取りました。

読者のみなさんにもそれが丸ごと、生きる力として届いたらいいなと思っています。

私は個人的に、七年前くらいから、兄貴の家の深夜の質問会におじゃまするようになりました。

きっかけはこうでした。

ある日私は京都出張から新幹線で帰るとき、京都駅の書店に寄りました。「〜すれば成功する」類の本があまり好きではない私は、ビジネス書（新幹線の駅の構内の書店にはこのジャンルが多い）のところをさっと流して見ていました。

ふと『大富豪アニキの教え』という本と、上半身裸の兄貴のイラストが目についたのです。

きっと関西の人で、肩肘張らずやんちゃなまま、バリで大富豪になった人の本なんだな（まあ実際そのとおりなんだけれど）、と普通に思ってその場を離れました。

でもどうしてでしょう、どうしてもその著者「丸尾孝俊」というすばらしく美しい字画の名前が気になってしかたなかったのです。あの本が私を呼んでいる、と確信しました。そしてもう一回手に取って見ました。単行本だから重いし、荷物も多いから今買わなくてもいいか、東京に帰って明日買おう、そう思ってまたそこに本を置きました。

それでもどうしても気になって、私は一周してまたその本の前に戻ってしまいました。もうこれは運命だから買おうと決めて購入し、そして帰りの新幹線の中で夢中で読みました。思っていたよりもずっと兄貴はパワフルでした。本から明るいエネルギーがたくさん伝わってきて、なによりも、そこには「お金を稼ぐための話」ではなく、「人生を生き切るための夢と希望」がつまっていました。

この人には絶対に会うことになる、と確信しました。

こうした直感とはとても奇妙なもので、たとえばですが、私は東方神起のライブに何回も行っているけれど、彼らとは一生縁がないだろうと思うのです。でも同じ韓国の歌手でもイ・スンギさんは違いました。この人にはきっと会うなと思いました。そしてすぐに出会っていっしょに本を作りました。桜井章一さんもそうです。麻雀もできない私なのに、必ず会うに違いないと思いました。そしてお会いしていっしょに本を作ることが叶いました。ご縁とは、自分があああだこうだ思ってもしかたがない、もうそこにあること。きっかけがやってきたら勇気を出して飛び込んでいくと、人生が深まる。そういうものなのだと思います。

私は早速クロイワ・ショウさんが運営、執筆している兄貴のメルマガを購読して、兄貴に質問をしました。質問が採用されると、兄貴のアドバイス「兄バイス」がもらえるのです。もちろん吉本ばななとは名乗らずに本名とニックネームで質問を送りました。内容は、「子どもが小さい今は仕事を減らして育児をしたり家族と過ごしたいけれど、私は家の稼ぎ頭だしどうしたらいいだろう？」というようなものでした。兄貴は「今はあなたが稼いでもいいんじゃないだろうか？　そして毎日いっしょにいることだけが全てではないので、ご家族とは会えるときに濃い時間を過ごせばいいんじゃないか」という的確なアドバイスをくださり、最後に「一度遊びにおいで」と書いてありました。

そしてクロイワさんから連絡が来ました。

兄貴は私の質問を読んで、この人は何をしている？　きっと普通の仕事ではないはずだ、調べてみて、と一発でおっしゃったそうです。

さすが！

そうして、私はそのあとすぐに、まっすぐに兄貴のおうちに、家族と友だちを連れて遊びにいったのでありました。

兄貴はほんものの大富豪だから、門には門番さんや番犬や運転手さんが常に見張って邸宅と兄貴を守っているし、現地と日本のビジネス界や不動産業界の人たちが常にいてお金に関する質問が具体的に飛び交い、かなりものものしい雰囲気です。

男の城だからあちこちがガサツな体育会系の雰囲気に包まれているし、ごはんは常に男らしいがっつり系だし（でももちろんすごくおいしい。こうして書いているとすぐにでも兄貴のうちのミ・ゴレンが食べたい！）、女たちは狭いキッチンできゅうきゅうになって手を動かしながらおしゃべりしてるし（一度のぞいてみたらみんなでアクリルたわしみたいなのを編んでた。またあるときの夜明け近くには、みんなテーブルに突っ伏して寝ていた）、私は体育会系でも実業家でもない上に女だから全くの門外漢で、成功について話し合いたいこともさほどなく、仕事で提携できるところもほとんどないし、居心地が悪くたってておかしくはないはずなのです。

でも兄貴がただそこで大らかでありながらもいろんなことを決して見逃さないそのまなざしで見ていてくれると、この世のどこにいるよりも安心します。そこにいるゲストの方々やスタッフの人たちと普通に仲良くなって、昼間いっしょにごはんを食べに行ったり、少し遠出して温泉に行ったり、東京に帰ってからも会ったり、素直にお互いの人生を応援し合ったり、そんなことが自然に起きるのです。

兄貴のおうちの玄関を入るときいつもふわっと幸せな気持ちになります。ああ、ここにまた来ることができた！　という喜びと、なんでも見通してしまう兄貴に会う緊張、だから別に取り繕ってもしかたないや、という気持ちが混じった幸せです。

兄貴の家のまわりにあるいくつかの宿泊施設にいると、異国バリにいるようではなく、夏休みに親戚の家に滞在しているような感じがします。そしてそこが決して無料ではない

（しかし決して高くはない）というのがすばらしいと思うのです。無料でもらったものは結局身につかないのです。そのことを兄貴は知り抜いているんだなと思います。

初めてクロイワさんが借金を背負って現れたとき、兄貴はあまりの情けなさに「こいつに金をやろうかと思った」とおっしゃっていました。でもそれではしかたないから、彼を今の日本の困った人たちの代表だと思って、ちゃんと自分で生きていけるように面倒を見ていこうと決めたそうです。

クロイワさんは学者肌で高学歴、金銭的社会的な成功を目指している人なので、ある意味兄貴の対極にある思想の持ち主です。だから現地でもいろいろなオモロい失敗をしでかします。でも彼は兄貴に媚びることは決してしないし、理想を曲げることもないのです。そこが立派だと思います。クロイワさんがありのままだからこそ、何歳からでも、どんな立場でも、だれもが学ぶことができるんだなあと私はいつも感心してしまいます。

そして成功第一のクロイワさんが、いつまでも兄貴を思い、慕っていること自体が現代のきゅうくつな社会にとっての大きな希望のように思えるのです。


人に無料で施さない、施すときはよほどのとき、そしてもてなすことにかけては決してケチらない兄貴のおうちにいると心からありがたく、「ビールをいただいてもいいですか？」「お昼ごはん、いただきます！」と自然に声が出ます。深夜にお手伝いさんが何回も入れてくださるアイスティーやアイスコーヒーだって、本来は決して無料ではないはずなのです。毎日やってくる日本からのゲストを深夜までもてなすための人件費とか食事代とかを考えると、気が遠くなります。よほど日本の未来を想っていないとできないことだと思います。

バリのあらゆる地域の大家さんだったり、系列会社の社長たちをまとめたり、バリの人たちの相談に乗るだけでも充分忙しいんだから、夜はご家族といっしょに贅沢《ぜいたく》な食事をして、好きな映画を観たり、たくさん睡眠を取ったり、静かに過ごすことだってできるわけなのに、兄貴は日本のみんなと過ごすことを選んでくれたんだ、だからこうして会えるんだと思います。

「僕にもちょっとはこだわりがあったときもあってな、『やっぱりビールはうすはりのグラスやろ』ってバコーン箱で買うてな。ええやん！……でもお手伝いさんがバンバン割りよるねん。それで今のグラスになったんや。そういうもんや。」

本来お金持ちになればなるほど、食器や服やものにこだわって、どんどんこだわりが強くなっていくのが人間というものです。でも兄貴はどんどんこだわりを手放していく。あまりにもお客さんが多すぎてご家族がついていけなくなった上に、それぞれが忙しく過ごしているからほんもののご家族とは別居しているけれど、とても仲がいいままだと兄貴はお子さんたちの写真を見せてくれました。

そういう生き方もあるんだなあと私は思いました。誰にでもできることではありません。お話に出てくる、幼い兄貴をひどい目にあわせたお父さんだって、今は兄貴が呼び寄せて、近くに住んでいるのです。

これもなかなかできることではないです。単にお客さんがいっぱいでいつもにぎやかなだけじゃなくて、兄貴は日々いろいろなことを変化させ、更新しています。その時々に流行りの食べものがあったり、男同士ビリヤードに熱中する時期があったり、お酒を抜いたり、あるいはきゅっとスピリッツを飲んだり、そのブームの後にはビールを飲んだり。少し離れたミンピリゾートにみなで移動することもあれば、新築した温泉プールに入る時期もあったり。いつも同じことを同じようにしているわけでは決してないのです。

あるとき、滞在しているみんなでミンピリゾートに行きました。私たちは兄貴にレストランでフルコースのディナーをごちそうになりました。最初のサラダが出てきたとき、兄貴は言いました。

「僕な、ここでものすごい数、夕飯食うてな、わかったんや。この最初のサラダのクルトンを食うてもうたら、もうあかんのや。最後の肉が食べられへん。このクルトンさえ食べなかったら、最後までいけんねん！」

この微調整こそが、彼を今の位置に高めたんだと思います。

大富豪なんだから、最後の肉を残したり、自分だけ特別のメニューにすることだってできるはずです。このエピソードは小さいことのようだけれど、兄貴のすること全てにわたってこの観察眼と調整、それから「自分だけ特別にしない、人に合わせる」が生きていることがわかります。

だから「ゲストは僕目がけてやってくる、それを僕がもてなして、僕がおごって、僕の時間を使って、僕が寝不足で、僕ばっかりかりたいへんだ」と兄貴が思うことは決してないのです。

「日本を遠くから応援して日本の良さを伝承しよう、それが自分にとってのあたりまえだ。むりなんて言葉はふつうに忘れてしまって日々全力でやる！」という気持ちがはっきりと伝わってくるから、訪ねるほうも変な気の回し方をしないで、心から素直に兄貴の教えを聞くことができるのです。

何回か生命の危機に陥った体験のある人でないとできない決心だと思います。

それに兄貴は大富豪なのに、私はなぜか一回も、冗談にでも「お金ちょうだい」とか「なんか買って」とか思ったことはないのです。いいかげんな私がいかにも思いそうなことなのに、それもすごく不思議です。

それから「今日はマグロのお刺身出ないかな」とか「今夜も温泉に入りたいな」とか期待したこともない。してもおかしくはないのに。

一回だけ残念だったのは「今日は僕がカルボ作るで」と兄貴がおっしゃった日に、兄貴に急にお仕事が入ってしまい食べることがかなわなかったときだけです。アニキのカルボナーラ、おいしかっただろうな！　そのときだけは素直にがっかりしました！

兄貴が作ったカレーやカクテルをいただいたとき、兄貴の歴史がビシバシ感じられました。兄貴はお母さんが日々作ってくれたカレーを知らないし、家族で出かけてホテルでカクテルを飲んだりしたことがない人生だったから、大人になってから大人としてそれを会得したのです。そう思うと胸がいっぱいになります。

どんな人が来ても等しく迎えてくれるあの家の雰囲気、アシスタントのひろさんやさきさんや、日本から学びに来る、よく働いて、それでも「私が！　私が！」とギラギラしていない、控えめでいつも手を動かして働いているおじょうさんたちの笑顔に出会うと、日本っていい国だなと思います。そこはインドネシアなのに、日本以上に懐かしい日本が残っているのです。

きっと彼女たちの人生はここで永遠に変わるんだろうな、どこに行っても生きていける人たちになっていくんだろう、といつも思います。

兄貴の偉大なところは、前にも書きましたが、「自分が温かい家庭に育たなかったから、家族べったりで小さくまとまる」みたいなことにせず、素直に大きく「知らないものは知らないまま、自分なりに創っていってみんなを幸せにしよう」と思ったところです。その力によってどれだけものごとがでっかく展開したでしょうか。

それからもうひとつ、どんなに信頼している人でも、兄貴は近くにずっと置かず、独立させて自由に伸ばしています。事業で協力はするかもしれないけれど、搾取したりしていません。

初めておじゃました頃、いつもリビングにいた川口さんやシンさんや司さんは今は別の部署にいるか、独立しているようです。でも兄貴と彼らは心がしっかりつながっている、そんな感じがするのです。決して恩を忘れない人たちばかりが、文句ひとつ言わず、いっしょに徹夜して夜を過ごしているのです。

いつもしょうもないことをこれでもかとやってみんなを和ませる、トリックスターみたいなクロイワさんは、しょうもなく見えても兄貴のカルマを不思議な形で吸い取ってサポートしています。きっと彼は誰にもわからない形でどこかが兄貴の一部なのでしょう。

そう、兄貴はやくざでもなければ、地上げ屋でもない。兄貴の職業は「兄貴」なのです。ものごとを鋭い目でしっかりと観察しながら、常に新鮮な空気があるほうへと泳いでいくハンターなのです。

とてつもなくやんちゃな男の子でありながら、みんなの大きなお父さんなのです。

今日もあの家でみんなが兄貴を囲んでいると思っただけで、私は深夜にひとりで小説を書いていても、全然へっちゃらでがんばれるようになりました。

まだみんな起きてるな、とあの夏の夜みたいな雰囲気を思うのです。

明け方眠気に満ちてうっすら明けかけた空の下、兄貴の家からホテルの部屋に帰って行くとき。または深夜に牛のいっぱいいる道をてくてく歩いてホテルの部屋につき、ビール一本飲みながら、今日のお話のメモを振り返るときを思い出しては、にこにこします。

前はどこか苦しくて淋しく、「自分だけが大変」と思っていたのです。兄貴と知り合ってから、私は若くして独立してたいへんだったからと意固地になっていた自分のよくないところが本気でわかってきました。兄貴の言葉がだんだんしみてきて、わかってきたんだと思います。

とにかくこの夜の中に、あの人たちが今夜も起きてる、それだけで私は今夜も元気いっぱいになれます。

いつかご主人を亡くされた方が、「住まいはあるけれど、今後の生計は不安定です。私の専門の仕事は年に数回しかニーズがないのです」と質問したとき、兄貴はすぐに、「今の家を売って、小さいところに越したらいい」と言いました。そしてまだその人がなにも言ってないのに、

「よくそういう状況で、思い出の家に住んだまま、家の一部を遺産で改築して趣味の店を

やる人がおる、それはもう完全にアウトや！」

と続けました。

「まさにそれをしようと思っていたんです。だめですか？」

彼女は驚いて言いました。

兄貴は、それよりも地方の移住者を受け入れているところに移住して、自然があって、食べ物もおいしくて、家賃が安いようなところで、もう一度新しく人生のステージを大きく変えて始めたほうがいい、今の生きがいで生計が立てられないのなら、それもやめたほうがいい、どんなに好きなことでもだ、と彼女に言いました。

彼女がそれを実行したかどうか、その後のことはわからないです。

でも、苦しくてつらいときに小さくまとまったり思い出に生きようとしないで、思い切り人生を変えるのがいい、ステージを変えろ！　という教えは、すぐなんでも小さくまとめたくなる私にとっても、目からうろこが落ちるような新鮮な風に満ちていました。

細かく観察して、一瞬で判断して、より大きく考える。

それが兄貴の思想の真骨頂だと思います。

第一章

三歳から一人で生きてきた

駄賃をもらうのが最初の金儲け

小学校五年生からテキヤ（的屋）の商売手伝ってたな。公園の端とかでたばこ吸うとったおっちゃんにたばこ貰いに行ってん。一本頂戴言うたら「お前子供やろ、あかんあかん。お巡りさんいっぱい来てるのにおっちゃんが怒られるわ」。で、「おっちゃん何してるの」って言うたら、「休憩や。いつもは掃除をしてるのや」。「その箒どこにあったん」って聞いて。なんか小屋みたいなのがあって、そこにあるんやって。誰でも掃除したかったら、そこで借りてきてやんのや。それ誰でも出来るで言うて。

それでちょっと知恵ついちゃって、掃除始めたんや。不特定多数の人が行き来してるとこ掃除しても無駄や。テキヤの店に入って行ったんや。

ばーって掃除して、「おっちゃん」言うて手出すねん。「何やねん、お前が勝手にしたんやないか。そんなもんおっちゃんがなんで金やらなあかんねん」言う人もあるし、夫婦でいか焼き焼いてたとこなんかは、「僕偉いな」言うて五百円札くれたり、よう分からん人なんかは十円「お駄賃」言うてくれたり。百円くれたり、三百円くれたりいろいろや。駄賃っていうのは、バイトの一歩手前のものやな。これを始めたんや。それが金儲けの一番最初やった。

掃除して最後に手出したら銭を載せてくれるっていうのは自分でみつけた。十円やったらポケットに入れてもう一回出しよるんや。ほんなら、「足らんかー」言うて、おばちゃんがまたくれよるねん。はい、十円って。

どういう人が儲かって、どういう人が儲からへんか、ちゃんと見つけた。

ええ人が儲かるんやって。五百円札くれよったのは、三つしかごみ落ちてなかったおばちゃん。整理整頓されてない粉まみれゴミまみれの店では、「何でお前に金やらなあかんねん。お前が勝手に掃除したんやないかい、おっちゃん知らんで。帰れ、早よ」となる。たぶんおばちゃん自分でも掃除しとったんや。商《あきな》い怠らん人はな、立派にお金もくれるし、えらいなって褒めてもくれるし、人間出来てた。

勉強になったわ。悪い奴は儲からんようになっとんねん世の中はすべて。あんなおっさんでも、たまたま儲かってたら羽振りええはずや。坊主えらいな、これ持って帰れ言うて、千円投げよる感じや。

あと一生懸命や。何事にも一生懸命やから儲かっとるのや。掃除も怠《おこた》りません。うまいもん焼いとる。儲かるに決まっとる。間違いないな。

石原　隅々まで気になるんでしょうね。気になるものをどんどん見つけて、次々に片付ける。

そういうことやと思う。行き届くってやつや。そして目立つとこで仕事を始めることや。縁日のテキヤがガーって並んでるところ。山の奥でやっとってもあかんのや。まず一番恥ずかしいところでやってみるのが大切や。

寂しかったら、一か所に居続ける

僕は家族がおらん。小さい頃かーちゃんが出て行ってもうおらへん。おじいちゃん、おばあちゃんは近所におるけど、親父と敵対していて、あんまり付き合わん。僕が行ったら二人ともなんとかしてくれるけど。

せやけど、口悪い親父にくそじじいのとこ行くな、くそばばあのとこ行くなって言われてたし。結局一人ぼっちになってしまうやん。寂しい限りや。

人恋しいやろ、人間って。近所のおっちゃん、おばちゃんとか、醤油売《しょうゆう》ってるおっさんとかをじーっと見てたら必ず声かけてくれる人がいるんや。

ただ今の人は、じーっとおることをせんやろ。動いてまうやん。あっちのカフェ、こっちのカフェと。お前一日何回カフェやねんみたいな。けど、一か所に居続けてごらんよ。

かならずウェイトレス、ウェイターと仲良くなっていくはずや。そうやって作るのが友達や。

ホトトギスでもウグイスでも鳴きよるやつ全般、セミでもそうだと思うんだけど、一所でずーっとあてもないのに鳴き続けるやん。結果集まってくるやん。あんな感じや。

劇場が決まってるパターンのやつあるやん。文楽劇場とか、僕に言わしたらあんなん余裕よ。でも自分で追っかけるやつ、流しの興行とか、ああいうのは一番難しいよ。ボリショイみたいなやつ、木下大サーカスとか、あれはほんま大変やと思う。必死やで、あれ。だって心に残すのが商売やから、毎日毎日一発勝負みたいに頑張って過ごさへんかったら続けへんちゃうかなと思うよ。

自分はものすごい人懐こかったと思う。犬でいうとマルチーズやったんやな、やっぱり。こっち振り向いてくれるまで尾っぽふってその場にいるとか。

おばちゃんもおっちゃんも気になるよ。「どうしたんや、僕、おかあちゃんは？」とかいろいろ聞いてくれるようになるよな。聞いてもろうたらこっちのもんや。お話が出来るやん。そうやろ。打ち明けることが出来る。そうしたら打ち明けまくります。ほんま、ひよこみたいやったわ。

子供はおっちゃんおばちゃんに預けろ

僕は完全におじいちゃんっ子、おばあちゃんっ子です。子供にとって、一番素晴らしい、いい育て方っていうのは、大人と接する数を増やすことやと思う。おじいちゃん、おばあちゃん、おっちゃん、おばちゃん、近所の姉ちゃん、兄ちゃん、こういう者の中に置いてもらえるかにあると思います。そこで一気に人間の成長率が変わってくるから。

先生が一人に生徒が四十人というのが、今の僕らの社会や。はっきり言ってそんなんじゃ全然物足りん。先生四十人が、子供一人に思いを込めまくりよるねん。そうしたらどれだけ成長しよるかって話や。レベルが違う。

今、皆、自分のことばっかり思っとるんや。思いは馳せるためにあるんや。人や外に向けたもんが思いや、元々。そうじゃなかったら重いわって言われるわな。

ただ、悪いのもいるでしょって人は言うんや。いい人とか悪い人とか、見様見真似でしか人は育たんし、言うて聞かすなんて到底無理や。ということは、悪いの見せないとどれが悪いか分からないねん。見せたほうがええねん。こっちが正解や。

子供の頃、めちゃめちゃ悪いおっさんいっぱいいたよ。絶対やめとことか、あんなことになるのかとか、いっぱい見て、学んできた。その代わり、ええ人もたくさん見てきたから、全部分かってるよ。なるほどな、こういう風になるんだっていう結果が分かってる。だから悪い方には絶対にいかない。

同級生、クラスメイトというのはみんな将来どういう風になるかが理解できてないように感じるな。夢ばっかり語りよるから。

経験者に聞いたらすぐに回答を得られる訳で、解答用紙を待ってるのが無駄や。

人にまみれることが大事やな。

分け前は必ず仲間に与える

石原　前に吉本さんのエッセイに書いてあったかな、家のちゃぶ台にいつも菓子があって、誰が食べてもいい。そんなお家で育ったと。その菓子を家族が食べるのか、友だちが食べるのか、とびこみの保険外交員が食べるのか予想できない。

縁ってそういう場所でも広がっていく。ほんとそうやで。僕は頂きものを自己消費したことは一回もない。全員でいただく。それは金も何も全部そう。頂いたもの、みんなで使うねや。

昔は半分ずつって言ってな、どんなちっこい分でも先輩が「おい食うか」言うてくれたんや。そんな人間ばっかりやったと思うんやね。

今の人は全部それを家に持って帰るよ。家族のためはあんねんで。仲間のためがものすごく薄くなったな。
後続するもののため、人を応援する能力が本当に薄くなったよね。

一生忘れられないコロッケ屋のおばちゃん

小学生くらいからは働いた記憶ばっかりや。

一度、何にも食うてなくて腹減ってた時に、六歳くらいの頃、コロッケ屋で揚げたてのコロッケ盗んでバーッて口の中に入れたら、上あごに揚げたてのコロッケが全部引っ付いて大やけどしたんや。でも、逃げなあかん。盗んだんやから。ブワーって走り出したんや。そしたらおばちゃん猛烈に追いかけてきて逃げ切ったあたりで、遠くから「明日も来るんやで」って呼ぶんや。明日も取りに来いって言うんや。もう、動けんかった。食べさせてくれって、頼めばよかったと思ったんや。そんなんが小学校時代やで。子供の時からわかっとったんや。しまった、とんでもない事やらかしたと。これが道徳教育。

給料もらえるようになってから四年くらいたって、コロッケ屋のおばちゃんのところに行ってみたんや。もう十数年たった頃や。ハワイ旅行とか当時流行っとったから、チケットでも買うてプレゼントしようかと。そしたらシャッター下りとった。隣の肉屋のおばちゃんどこいったん」って聞いたら、もう前から閉まっとんでと聞かされて。隣の乾物屋で「隣めっちゃ後悔したね。一番印象に残ってるおばちゃんやのに、その人にだけ恩が返されへんかったんや。

あとの人、全部返しに行ったよ。煙草も、井村屋のあずきバーも相当盗んどった。もう盗み倒してたから子供の時。万引き超えて億引いたかも。

万引きしたお店全部、煙草買うて一万円渡して走って逃げるとかしとったわ。「ちょっとあんた、何やのこれ、おつりないわ、こんなでっかいの」言われて走って逃げんねん。

コロッケを盗んだのに明日も来るんやでって声かけてくれたおばちゃんにだけ、恩を返せなかったことがほんまに後悔や。後悔はマゼラン級。いよいよヴァスコ・ダ・ガマまで行ってるかもしれないわ。大後悔や（笑）。

「明日は我が身」と、昔は全部きちんとわきまえた社会があったんや。だからいろんなこと継承してたし。頑なに守らなって守ってきたし。それがもう、みんな金儲けに目がくらんで、むちゃくちゃになってしもうたな。

今万引きしたら、すぐ捕まって、警察呼ばれちゃう。だからほんまに、一人ぼっちの子供は助からへんよな。あのおばちゃん、ほんまにめっちゃ渋かった。

もう一つ別の肉屋さんでな、またまた揚げたてのコロッケ盗んで二回目に捕まったわ。「店の中の溝を洗い〜あんた」言うて。親父にボロカス怒られたけど、そこの人も言うてくれたんは「言えや。やるから」。溝を必死で洗い終わったら、コロッケを大量に袋に入れて「持って帰れ、駄賃や」と。ほんま涙ちょちょ切れたわ。揚げたてコロッケが大好きやった。それを食べたら自分の中でものすごい贅沢な気分やったな。三つの時から一人でパンとか冷たいもんばっかり食っとって、あったかいものを食べたことがなかったので。

貧乏な家でも食わせてくれた

二歳八か月で親父が母親を追い出しよったんや。そこから地獄が始まったよね。

じいさんは満州からの引き揚げ。医者として地元に貢献してたから経済的にはそれほど苦しくはなかったみたい。だけど満州に置いてきたもんがものすごい多くって、ばあちゃんがずっと言ってた。時計から何から、貴金属から。女中さんに渡して、これであんたらうまいことやるんやで、がんばりや言うて残してきたんやって。どっちみち、港で没収やと思ってたのが、検閲《けんえつ》なんかなくて。どうぞ乗ってくださいドクターってなって、しもうた！　みたいな。

じいさんええ人やったな。住んでたのは今里《いまざと》。在日部落が近くにあってな。そこの人、夜中熱出した言うたら無償で診とったわ。玄関に竹の椅子が何個も並んどって、病院みたいな家やった。そこに泣いとる赤ちゃんとかいっぱい来とって。

お母ちゃんが遊び人で帰って来へんから、乳母《うば》で育った子なんや。産むだけは産んだんやけど。いろんなお母さんからおっぱい貰って育った、僕自身が。だからDNAがANAくらいになっとんねん（笑）。航空会社や。世界に羽ばたくくらいになっとる（笑）。やっぱり近所のおっちゃんとかさ、かっこええ兄ちゃんとかな。憧れる人たくさんあったよ。芸能界とかそういうところではなかった。一人ぼっちやし、テレビ見とったら寂しくなるやん。

うちで食べていき言うて、おばちゃんが用意してくれて、ようご馳走になってた家で見たテレビはなんだか覚えとるよ。兄弟が五人くらいおってな。「うち貧乏やけど、あんた一人増えても何ともないから、ご飯だけは食べにおいで」って言うてくれてん。ああいう人がいたから僕がある。順番回ってきてる訳やから僕もそうせな。

中卒で、看板屋とディスコの仕事を掛け持ち

中学校出て最初に働いたのは看板屋さんやった。大きい看板屋さんやったから、吊り看板から、ビルの屋上から、金箔《きんぱく》貼りから全部やわ。

ディスコの厨房《ちゅうぼう》のバイトしながら看板屋は正社員で働いとった。正社員いうても給料四万円の丁稚《でっち》奉公やからな。

当時の初任給は普通の大卒、高卒で十一万五千円くらいちゃう。僕は見習い工やから、四万二千円やったんちゃうかな。昼の弁当代と工場の上の寮の経費を引かれて、一万六千円くらい。油も買われへん。足らへんやん。朝も早よから行ってるから、夜飲み屋とかそういうのしかないやん。中学出たばっかりやから、できること裏方しかないやん。だからディスコでも最初は厨房、それからバーテン、いろいろ。

全部出来るようになったから、ウルトラ大成長や。何にも出来へんより、何でも出来る

方がええやん。

普通の人やったら、兄ちゃん姉ちゃんがおったり、家族がしっかりしてたり、友達があったり、楽しいことがあったりするもんやと思うけど、僕の場合は一人でぼーっといてもつまらないし寂しいわけで。

小さい時に近所のおばちゃんがよう面倒見てくれて、うちで食べていきって言ってくれて、大家族の中に意外とおったからな。町が良かったんやな。

これが東京のマンションで生まれとったら即死やったかもしれん。文字通り縦社会やもんね、今。昔は長屋で横社会やった、あれが良かったな。

今もめちゃめちゃおると思う。自殺だったり、発見遅れたら餓死《がし》だったり、とんでもないことになったり、いろいろある。

結局自分の事にかまける社会、かまけざるを得ない社会なんや。忙しくさせられてる訳やんな。それを何とかせなあかんと思うねん。合理的な考え方って、全部分けることになっちゃうからな。分け隔てないのが人間社会やったやん。それを分けまくりよるのや、今は。

はい、お前はボケ、お前アホでしょ。お前はどっちみち聞いても無駄やから、後ろに座ってろって。賢いから、優等生だからお前は進学校。ええとこ行かなあかんよ言われて、前に座って、はいはいはいはい言うとる訳や。

昔は他人の子でも「アホ、ボケ、お前なんてことするねん。友達に心無い事したらいかんやろ！　お前」って怒ってくれた。今は怒ったらあかんやろ。人の子に何言うてんの、とかなっちゃうから。

政治家も教師も、人間としての在り方をきちっと学んできた人かどうかをテストしてもらいたいわ。そこから、この先生はだいぶアホなんですけど、でもごっついええ人なんですって言われたら、一気に名誉回復するやん（笑）。

親の教育も変わったよ。実際ええ人では食うていけんのやとか。何を言うとんねんと。ええ人にこしたことないやないか、それを蔑《ないがし》ろにせんでええやん。勉強もええ人もどっちもいけよ。ええ人では食うていけんって否定してしまったらもうあかん。

いい人だけじゃだめだっていう人が多い。悪い人になれって言ってるのか、そんなアホなっていう。ちょっと待ってくださいよと。

昔のおっちゃんおばちゃんは、ちょっと稲刈りでも手伝いに行ったりしたら、ええ人が一番や。お前みたいなアホでも、悪い事だけはせんで頑張れよって、こういう教育の仕方やな。

今は随分《ずいぶん》変わってしまった訳やな。これが資本主義社会とか合理主義社会や。何でも量産して、安くぎょうさん作って、納税爆発で、ええかっこしまくるみたいな。

いや、それちょっと待ってくださいよ。そんな生活続きますかって思うな。

仕事は選ぶものじゃない

仕事は選べるもんじゃない。そりゃ好きな事にこしたことはないけど、まず、好きな事っていうのは嫌いになる可能性を一つ持っています。男女交際もそう。好きな事っていうのは、意外と続かなかったりするんやけど、「出来ること」とか「やってきたこと」は「出来ない」がない。

果たして日本は「好きな事」ばっかりで職人を生んできただろうか？　みんなが田植えが好きとは到底思えん。親父がやってるから、自分がこれを継承せな、次に残さなならんと努力を惜しまなかったんや。自分の為やなかった。好きな事っていうのはまさに自分の為で、そんなことが果たして残っていくんだろうかと思います。

若者が一つの会社で続かないというのは、いくらでもあると勘違いしてるんや。昔は一つのところに勤めたら最後やと思ってた。クビやと言われても、泣いてすがりついた。お願いします。クビにせんといてください。僕頑張りますからって言うたはずや。それが日本や。いくらでも仕事がないのが世の中や。一つしかないのや。

七十人分のまかないで、料理の腕をあげる

僕はまかない夫もやってたんや。あちこちのレストランでまかないだけ作って、次のレストラン間に合うかなみたいな、そんなことやってたんや。昔は大型店が多かったから、

従業員七十人分作るとか。

　まかない用の冷蔵庫をボーンって開けて、その中に入ってるもんで考えるのや。優しいチーフは前もって材料を教えてくれたけど。今日忙しくてまかないまで手が回らんわ、頼むな、言われて行ったらポンと五千円とかくれるから。それだけ作って五千円やったら、まあいいかなと。日中仕事終わってから三軒くらい掛け持ちしてたから。

　ひどい時は、冷蔵庫の中にキャベツだけとかな。米だけはあるんや。そんな時はピラフを作りました。あのね、米の盛りの量を一・五倍にするねん、いつもより。それで味濃いめ。いろいろ具材がある時は味薄めでもいいねん。ない時は味濃いめで、てんこ盛り。ほぼほぼ米や（笑）。ただキャベツは芯の使い方が肝や。芯だけでっかく切るのや。食べごたえがあるねん、コリコリコリって。工夫しました。それで油多めな。

相手をご機嫌にするのが大事や

当時僕にはコムデギャルソンがスポンサーについとったよ。服は全部それ着とって、流行通信とか。サマーブーツとか履いてたよ。底から見たら全部穴開いてて、通気性抜群言うて、ほんまは暑いんやけど。これ履いとけって支給してもらうねん。アーストンボラージュもついてたし、リネアフレスカもスポンサーやった。有名ディスコの店員やったからや。これ着てくださいって。当時コムサデモードも着たよ。客はみんな着とったな。僕変わったのが好きだったから。高いのにね、着とけって言ってくれたり、そういうのがあった。週に二回着ろとか言われちゃったり、それにつられて客がみんな買いよるから。当時renomaとかあったやん。今は懐かしいな。もうちょっと後ではハンティングワールドやな。これ持って歩いてくれって。全部スポンサーや。そういう時代やったね、バブルのはじける前で、なんでもくれよった。値段見てビビるねん。

コルムの時計だけでもなんぼ貰ったかわからない。さすらいのディスコマンや。安いのでも八十万くらいしてたんちゃうかな。金無垢のコルム持ってたで。これくれよったの、おっさんや。またさ、ディスコだからあの姉ちゃん連れてこいとか、そんなおっさん来よるんや。ほんで女の子のところ行って「友達やって、頼む。頼む、行ってくれ」って言って。「あのおっさん、なんぼでも金持ってるで」っていう時代や。お願いして連れてきて、よっ社長ってやってたらコルムや。薄いのに重っみたいな。ドンペリとか飲んでたね。ロマネコンティも飲んでたわ。ディスコだから店に置いてなかったのに。クラブとかにはあるのかもしれないけど、当時からとっくに高くてディスコには全然なかった。オーダーが通った瞬間、「はい！」って言うねん。でも店にはないじゃん（笑）。それでも酒問屋に電話して、今から持って来てくれ、阪神高速二十分やぞって。そっからブワーって走って来るから。売るためやもん。

ディスコって、基本的にややこしいのいっぱい来るやん。そのおっちゃんが入ってきたら、「親分」って言わなあかん人。これを相手にせなあかん。それで僕は呼ばれたんや、こいつに頼もうと。それは何でかって言ったら、僕が歴代過ごしてきたディスコでもめ事が一回もなかったからや。

一人死んだけど。神戸でね。その時、僕が裏で飯食うてたからや。もしフロントにおったら死んでないな、あいつ。東京から転勤になってきた男や。かわいそうに、何日か後に殺された。組のやつの入場を断っちゃったんや、止めたんや。見るからに怖い人やから。

これ入れたらみんなに怒られるやつや、何としてでもブロックやと、その東京から来たフロントの子は思ったんや。だから、すみませんお客様、言うて。只今満席になってますのでって断りよったんや。

僕やったら、「おはようございます。どうぞ」って言うな。そしたらおっちゃんも「一回りして帰るわ」って、一杯ひっかけて帰るだけやねん。それを止めてまいよったんや。事情を知らんからな。

一発、ボカーンやられて大理石の角に頭ぶつけて即死や。殺人事件や。僕が出て行った時に、レジの女の子がテンパってた。厨房で飯くっとったら、主任主任ってぼわーって来たから。どないしたんやって言うたら、スタッフがって。あんまり血相が変わってるもんで、それで店出て行って、管理会社呼んでビデオ見たら、これはあかんと。僕やったら誰も死んでないのに。

止める方も、いろんな止め方というかな。一度受け入れることも必要だったりするよね。もう全国から観光でディスコに来る時代や。観光で来たヤクザさんは、酔うたら店の中で何する？　あの姉ちゃん連れてこいとか、むちゃくちゃ言いよるわけや。

そのまま言いなりになってるとえらい事になるので、僕が、「親分ちゃうの?」っていかなあかんねん。知らん人やで(笑)。

今二人入りましたのインカム受けて、どこや、あの辺りかって僕はまず確認して。それまで座ってた席では「社長ちょっとよろしい? ちょっと友達来たから席外します」言うて。ついでにトイレにも行ってきますって言うてパッと出て行って、そんで、「あれっ、親分さんやん」って言うと、知らん人やのに「おう」とか言うてくるから。「どこやったっけ」って言ったら、「四国や、徳島や」とか言ってくるから、「こんなガキの来るとこやなくて、もっとええとこ行きましょう」言うて。なんせ連れ出さなあかんから。じゃないと帰らなくなって大暴れするので。その係り。

ご機嫌にするのが大事や。お金出してくれるからね。それで何としてでも引っ張り出して別の店で飲むって事やな。だからもう、ほんまに嫌やで。邪魔くさいで。あとで必ず呼ばれるのや。最悪や。恩返しするから来いや言うて。行きたくないなこれ、みたいな。絶対行ったらあかんやつや思うて。それでも断り続けるのが非常に難しいよ。わしのとこ来れんのか、とくるから、それはそれでややこしいから、腹くくって行かなしょうがない。

大変やった。涙ちょちょ切れそうだったわ。

徳島のおっさんには、めっちゃ気に入られてしもうてな。うち来いや言うて。でもやっぱり僕みたいに上手にあしらうことが出来る人が必要やんな。じゃないと店は守れん。お客さんが楽しく遊べなくなる。

それが吉本の直営店。だって無茶苦茶言うから。例えばお客さんでそういう堅気じゃないのが来よったら、浜ちゃん呼べやとか、何簡単に言うとんねんみたいな。さんまおるのか、さんまとか。直営店っていうのはこうなるので。絶対喧嘩出来ないので。お偉いさんには、どつかれても辛抱せいって言われとったので。


とにかく連れ出すことしか頭にないで。トイレどこやって言われた瞬間、最大のチャンスや。もう連れ出すから。出てきた瞬間、そっちにはもう入っていかないので。親分行きましょう言うて。「どこへ行くんや、荷物荷物」言われても、「もう荷物持ってますから行きましょう」言うて。そのままパーッと螺旋《らせん》階段上がって、そこにはずっと車待たせてるからバタンと乗せて、神戸《こうべ》花隈《はなくま》や。腹いっぱいや、言うてるのに無理くり食わして、飲まして、どこ泊まってるのか聞いて、そこまで行ってってさいならや。

地獄の黙示録みたいな仕事や。面倒くさいけど、それで給料もらっとったからやらなしゃあないし。前の店の方が、もっとえぐかったからな、神戸時代は強烈やったから、第一線って感じやから。ガンガン来る。だってヤクザが毎日ドンパチ神戸中でやってる時にデイスコマンだったんだから。

敵対したら一度はぶつかる

敵をつくらないっていうのは、そこでも培《つちか》ったと思うな。もともと敵をつくらないのは、僕の中では中学の二年生くらいからちゃうかな。究極に芽生え始めたのは。喧嘩《けんか》の仲裁をせなあかん時があって、そっからやと思う。

例えばAいうのとBいうのがおるやろ。たまたま一人はゲーセンで、もう一人は八尾《やお》の盛り場で友達になったんや。これが両方チームのリーダーやったんや。そんである日突然大もめにもめたんや。ただ中立的に僕がいることは、そいつら知らへんねん。止められるの僕しかおらんかったんや。どっちの参謀にも頼まれたので、これは。えらいことなってるんですわーとAが言うて。もうこれから一騎打ちですわ。四百～五百人くらい人集めようかと思ってるんです言うから、これはまずいなと。それでやっつけられる方のBは、僕、そいつのお母ちゃんにまで世話になってる奴で。そいつの家までいって、あいつ居てる、まだ帰ってないよって言われた。まじかと。携帯も何もない時代やから。「おかあちゃんちょっとここで待たせてな」「何か食べるか」って、そんなおかあちゃんやったんやで。そこに帰ってきよったんやB君。バスに乗って帰ってきたんや。

どこ行ってたのお前って聞くと、これから戦争するんやって言うから、やっぱりこっちも盛り上がりを見せとるなと。戦争するからお前来るかって言われるんやけど、うーんって、板挟みの状態なの、完全に。これどっちに立っとって、どないなるねんってな。これがな、なかなか言い出せへんのやな、盛り上がり始めてるから。これどないして止めるかなってな。

そっからやな、反目作らんように。この真ん中の悩み。ただな、この戦争は一回ぶつかることになるねん。止めきれんかったんや。どっちもが、やられただの、やっただのやっとるねん。一回はしょうがないなって。大乱闘や。

後に、どうやって仲直りさせるかをずっと考えてた時期があって、それやと思うねんな。だから敵をつくったらいかんっていうな、こういう思いをしているやつがおるはずやってこと。その身にならないとなかなか気づけなかっただろうなと思う。板挟みにならないと。

その時は結局一回ぶつかっちゃった後に、その中学生といえども親分同士だけ会わした。一番手二番手で僻《ひが》み合ってたから、一つにしたら大阪で最大グループになるでと。親分たち持って帰るわって言ったけど、持って帰らせへんかった。今決めや、約束せいやと。結論出るまでだいぶ長いことかかったけどな。

一回ぶつからないとダメなものもあるんや。勝負がつかんような感じやったからな。止めてくれたのは大阪府警や。すごい動員数やったな。結局大事なのは共存共栄やな。でももめ事の現場がうっすらでも分かってないと、難しいやろうなと思うねん。何するにしても。分かってなくてええような風潮と社会やろ。大丈夫かなと思うよな。喧嘩はするよりも止める方が難しいで、やっぱり。

ばななより　1

まだ若い兄貴が、行きたくない旅行に行かなくちゃいけなくて、行ったら組にスカウトされるに決まっていて、それを怒らせないでなんとか断らなくちゃいけないという設定の中で笑顔を見せて接待されなくてはならない、そんな命までかかったイヤさの中で、ひとりで空港にいたことを思うとただただ「すごいな！」と思う。

男というものはそういう厳しい場数をいくつふんだかで、男になっていくんだと思う。

いや、もしかしたら女もそういうものかもしれない。人間は、自分がたったひとりで、親にも友だちにも言えないところでぐっとなにかを決めて（もちろん後からみんなに言うかもしれないとしても）、腹をくくったことが何回あるかということで、大人になっていくのかもしれない。

ほんものの大人というのは優しく、そして強いものだ。

これはある意味「いやなことはしなくていい、わくわくすることだけをしなさい」の対極にある考え方で、人生の流れの中で前から流れて来たものはとりあえず受け、そして自分の力で切りぬけてみるということだ。もしかしたらこれからの時代にはどんどんなくなっていく考え方なのかもしれない。そういう生き方を選ぶ人はどんどん少なくなっているように思う。だからこそ、そういう人が成功したり充実したりするようになっていくだろう。

こんなのんきな私でさえも仕事の場面や、命を扱う場面で「ここはたったひとりっきりで本気で決めないとだめなんだな、どんなにいやでも、悲しくても、腹をくくるしかないな。明日の朝まだ自分がこの世にいて、恐ろしいことはなにもかも終わっていますように」と願った体験を何回か持っている。もちろんそのときはほんとうにいやだったし、つらかった。しかし後になるとその体験が私を今の私にしてくれたという確かな実感がある。人間というのはたまにはそういう「明日起きたくない」「全てを捨てて逃げてしまいたい」というような気持ちにまっすぐに向き合って、ひとりでなんとか乗り越えることをしないと人生の階段を上がれない生き物なのだと思う。

たとえば、小さいことで恐縮だけれど（やくざの地元に招待される旅に比べたら、だいたいのことが小さいし、若いのに明日死ぬかもしれない職場で働くのに比べたら全然余裕だけどさ）私は人前で話をするのが得意ではなく、向いてないなあと毎回思いながら、お仕事だからとしかたなく人前に出ている。

でもそれをいやいやなれど何回も何回も重ねているうちにだんだん慣れてきて、今も決して得意ではないけれど、数千人の前になら平気で出ることができるようになった。つまり私は好きなことだけ選んでやっていたら決してなれなかった自分、見ることのなかった場面をこの人生で見たことになる。だれかが勝手に連れていってくれたところには、たとえいやでもいったん乗ってみるというのは大事なことなのだ。それをしないと人生がどんどん狭くなっていくし予想外のことが起きなくなってしまうのだろう。

大学のときにピンチヒッターで司会をして緊張してぐちゃぐちゃになったことを思い出す。そんな自分が微笑ましく思えるくらいに、今では堂々と人前に出ているのを不思議に思う。

ただし向いてないことには変わりないから楽しくはないし、アドリブはきかない。映像で観ると完全に顔が内向きになっているから、人前に出るとどんどん開いていく人はすごいなあ、と思う。克服した、得意になったという錯覚は決してしていない。

ただ、私はいつも思う。

舞台の上から客席を見ると、何人かの知っている顔、家族や、見守ってくれるアシスタントの顔がはっきりと見える。「ありがとう、そこにいてくれて、だから大丈夫」と思えるような人生の仲間の顔だ。

自分の枠を人生そのものやご縁が勝手に広げてくれるのを受け入れる、そんな人にはきっとそうやって「仲間」ができるのだろう。

兄貴といっしょに徹夜している男の人たち数人は、目と目でわかりあっているように見えて、その関係に憧れる。

決して「兄貴！　これをやりましょうか？」とか、「兄貴大好きです！　ついていきます！」などと口に出しては言わないけれど、だからこそ、なにを「兄貴のためにしないようにしている」のか、なにを黙って「兄貴のために」しているのかがよく伝わってくる。

その人たちは兄貴を思い、兄貴が信じている日本の男の生き方をひたすら自分も生きようとしていて、兄貴がいないときにも決して兄貴の悪口を言ったり、軽口を叩いたりしない。言いつけられちゃうからというのでは決してなく「まさか、言うはずないじゃないか」という打算のない感じだ。

兄貴をほんとうに愛してそばにいる人たちは、兄貴のお金にではない、あの「大きな力」全体に惹きつけられていて、兄貴にただ元気で生きていてほしい、そして自分のまだまだだめなところに気づいて成長したい、兄貴に人として認めてもらいたい、そんな気持ちを持っているのだろうと思う。

ビジネス的な話とは関係ないが、ディスコ時代のお話のエピソードとして、兄貴が経験した阪神淡路大震災のお話がとても大切なものだと思ったので、この後に載せておく。一度した体験からの学びを決して忘れない、ほんとうの意味で風化させない野生の勘のようなものがひしひしと感じられて、どうして兄貴が儲かる方へとその場しのぎの浮わついた投資を一切しないのか、よくわかるので、ぜひ読んでみてほしい。

「兄貴と震災」

今は悪くないけど、需要そのものが下がるので、これから東京の地価は下がるね。一昔前は上京が流行ったけど、東京は収入も支出も高い。魅力が薄らいで、東京ではやっていけなくて帰り始める人が出てくる。収入高くて、住むのはリーズナブルやったらええけどな。帰省ラッシュになると思うわ。

僕は天災な、地震とか散々びびらされてるからな。あれさえなければ、まあよしとしよう。でもあれが一番ヘヴィーやからな。高いタワーとかどうしようもないわ。

阪神淡路大震災の時は死ぬかと思ったわ。神戸に帰っとったんや。六甲山《ろっこうさん》なんか山はなんともないけど、僕のとこ、今里の被害は白目むいたわ。

地震の直前、恐ろしい地鳴りを聞いたな。大蛇が這ってるみたいな、ザーとボーが両方入り混じった想像を絶するサウンドや。マントルやろな。どうするホテトルやったら(笑)。ほんまおっそろしい。

前日の夕方四時の強烈な耳鳴りも覚えてるわ。なんやこれと思って、飲みに行って帰ってきて、朝方ちょっと一発寝たろうかなと思ったら、ガーンときたわ。

突き上げるような揺れが二回来たやろ。腰抜けそうやった。ドーンドーンと二回揺れた時、ダンプがバックでうちのマンション突っ込んできたかなおもて。くっそー僕帰ってきたのバレてる？　やったるわ！　と戦闘態勢に入って、バルコニーの窓開けたらダンプなんかおらんし、空一面、神戸の方まで全部青紫色や。すごく幻想的な色やった。

持っとった部屋は四階と五階やったけど、三秒で叩き売ったった。恐ろしかったわ。水槽から何からぐしゃぐしゃ。感電するわと思ったわ。

駅も落ちとるし、阪神高速も落ちとるし。

震災が起きたのが一月十七日の朝で十九日にはバリ島に戻ってきたわ。ガルーダ航空が神戸や大阪の人を関西国際空港に送ってくれたんやな。それに乗ってバリに帰った。飛行機の中から見たら、神戸がボーボー燃えとって、まわりは真っ暗やった。あれはもういかんなと思った。福島の津波も強烈やったけど、神戸の火災も悲しかったで。

僕ら子供の時の地震速報覚えてる？　近畿二府四県なんて広範囲で地震は起こらへん。大阪だけ震度二で、しょぼって感じや。今、地震速報の地図みると震源地から広範囲が真っ赤や真っ黄色になるやん。あんなん想像つかんかった。涙ちょちょぎれそうになるわ。阪神淡路の時は、ニュースもしょぼい事言うとったで、六十人余りの人が避難できない状態が続いていますとか。えらい事になっとんで、嘘つくなと。まとめらへんかったんやろうな。

そごうの四階が、綺麗に一階分すべてなくなってたな。上島の本陣のラブホテルもえぐかったわ。太ももから先ぺちゃんこの写真とか、毎晩友達が送ってきよるねん。今こんなんばっかりやでって。ラブホだけは行ったらあかんで。ラブホは一階が駐車場になっとるから危ないねん。僕が勤めとったディスコのビルは根元から横だおしや。ゆっくりゆっくり鉄筋が伸びたんやろな。崩壊することなく綺麗に横になってるんや。ビルが道路に寝てんねん。あんな時なあ、ポッと直してくれるゴジラみたいのおってくれたらな。

僕、東京に不動産屋の友達ぎょうさんおるけど、ずっと警戒宣言発令してる。売れるからと調子こいていくなよとずっと言い続けてる。

富士山の火山灰なんか降ったら日本終わるわ。御殿場あたりが噴火してやばいと言われてるな。どうもできんでこれ。ものすごい数の住民が住んどるやん。僕やったら家族から連れから全部連れて、明日引っ越しや。

阪神淡路大震災が大きいよ。あれなかったら能天気かもしれんけど、あれ一発くらっとるからな。二日間靴脱げんかったもん。ほんま、東京じゃなく田舎逃げ。

第二章　他人のことを考え続ければ儲かる

恩返しこそ金儲けの極意

もともと金儲けっちゅうのは、「恩を返す」という事に関心があるかどうかで決まる。先輩に世話になった、ばななさんに世話になった。世話になったことに対する恩を返す気がなければ、儲ける必要などないんや。

恩を返そうとしたら、やっぱり儲けへんと返しきれんと僕は思うな。

いろいろ教えを乞うた人が亡くなってしもうた時に「僕に出来ることないですか？　奥さん」って聞いたら「そんなのないから心配せんといて」って言われた。けれども、たまたまれ違った墓石屋捕まえて、御影やったら大理石やと墓石を買ったんや。「こんな立派なもん頼んでない、私よう払わん」と奥さんは言うんだけど、僕がもう払ってるんや。

これが恩返し。そういう心算《つもり》と思いがない人に成功があるかなと僕は思う。

もう一つ、「金儲けが上手い人」もおるな。

この言葉が実は間違っていて、金儲けが上手いんやないねん。本来は「残すという勘定が高い」ねん。

倅《せがれ》にとか、娘にとか、世話になった人のご子息に、何か残したいという感情を高めたらどないなるかって言ったら、金儲けが上手いと評価されるようになるねん。

僕は車もこの家も他に三十一軒ある家もホテルも施設も全部借り物やと思ってる。

物事を大切に進めるんやけど、物欲なんか何もないんや、実は。

僕、思いっきりオカマ掘られたことあって、買うたばかりのベンツで。

保険も何も入ってないんです。すみませんでしたって、ぶつけたインドネシア人が言う。そんでな、お前の車エアバックついてないのって言っていたら、買ったばっかですけど、なんかついてないんですよって言うから、これと買い替えたるわって。

居合わせたやつがいっぱいおるよ。この事件に。そしたら買うたるわ、これ。なんぼや。二百九十八万だったんですけど、ええよ、買うたる。これ僕の名刺やから、トヨタのディーラー行って、この名刺のこのおっちゃんが買うたる言うてくれたって言え。ほな、僕先行くでって。

普通そこでガンガン言うやん。なんてことをしてくれたんや、貴様って言うやん。人の子捕まえて、ボケって言うやん。そしたら恨み買うて夜中にブスッとか、そっちでどうよって話やね。それやったら恨みなんか買わん方がいい訳で、もうええわ。なんかそんな感じやね。ずっとそんな感じやな。ずっとそういう姿勢で来たのがよかったのかも。かぶりまくってるもん、いろんなもの。

人を心配するやつが大きくなる

僕は先輩の見様見真似で育った人やねん。

飲食の丁稚奉公の時から「僕も出来ますよ、先輩。やりましょか、磨きましょか」言うても「いや、見とったらええねん」と全部自分でやりよるねん。人を使おうとせえへんのや。一か月も二か月も見てるだけだと、そのうちいらんから、やっぱり帰れとか、クビなるんちゃうかなとか、ごっつい心配になってくるんやね。自分が心配になってるうちはまだまだ触らしてもらえん訳や。僕、それに気づいちゃったんや、途中で。

人の事心配し始めてこそ、なんやな。触らしてもらえる、扱わせてもらえるようになってくるねん。


きっかけは行動に出るという行為しかないねん。先輩が朝出勤してくる前に、夜中寝んとずっと磨いとったら、笑いながら怒られた。「いらんことすな」とただ嬉しそうやった。こいつ見つけよったなと。言われる前にせいっていう話やな。見様見真似でしか教えてくれへんかった。


アホになんぼ言うて聞かせても無理。理解力が薄いんやもん。やっぱり見とったらええねん。狩人、またぎといわれる人、インディオは先輩の姿を子供の時から見とんねん。

先人は全部見様見真似で育ててくれたな。

今は違うねん。一回やってごらんと言って、やってみてうまくいかなかったらあれせい言うたやんけって、こない言うねんな。あれってどれですかっていう話から始まらなあかんので、非常に邪魔くさいの。言葉じゃなくて一回見せてよって話やな。

僕らの時代、自分の事ばっか考えんとちょっとは人の事を考えろと教育されたんやな。ところが今は、自分の事も出来へんのに人の事なんか考えてる場合とちゃうやろと真逆になった訳やな。

だから、自分の事をきっちりやっていますよって自慢げに言う奴には怒るんや。ちゃうねん。それがすべての失敗の元やから真逆にして変えろと。「自分は遅刻したことない」って言う奴に「お前後輩何人いてんねん」って言ったら「四十人くらいいてますよ」ってえらそうやねん。「その四十人のうち、何人遅刻しよんねん」「三人は毎日ありますね」言うから、それを無くすのがあなたの役割やと。分かりやすく言うたら三人遅刻させんと、自分遅刻したら、プラス二や。それが上司と呼ばれる人達なんや。今の人はそれが分からへん。昔の人はちゃんと教え方を知ってたな。

若いご夫妻が、お子さん連れで僕のとこ来てくれるねん。それでお子さん小さいうちになるべくね、じいちゃんばあちゃんに預けなさいと。近所のおっちゃん、おばちゃんと友好関係があるのなら、無理矢理でもいいさかいにちょっと半日預かってもらわれへんかと。それで預けて、土産買うて帰れって言う。

一番大切なものは、なんと人に託してしまうっていう作戦や。託されたほうも鼻血でも出してたらえらいこっちゃとか、必死のパッチや。この必死が経済を盛り上げてきたんや。その必死が今足らん。私は出来てますよとか、怠けたことおまへんでとか、成績優秀でっせとか、自分の事ばっかりやね。違うねん。人の事考えるんや。

昔の人はこんなんだったよ。「僕の友達で優秀な人があってな、僕も随分いろんなこと教えてもらったんや」って人の事しか言わへんねん。だから僕が聞いてた。「で、先輩は？」「いや、僕なんてまだまだ、安もんの大学やからな」とかって言うてくれる。聞かれるまでは一切黙秘権です、昔の人は。

先輩・上司の立場でどうしていいかわからないって人も多い。突然なるのが上司や。どっちかって言ったら突然かかる病気みたいなもんや。

更に上の上司にとって重宝やからそいつが課長に引き上げられたのか、部下の事を思って課長に任命されたのかによって、大きく違う。

「部下からの支持率が高いから彼に課長をさせるべきだ」と任命したなら正しいけど、

「こいつ何でも必死でこなしよるし、一人ででもやりよるから使い勝手ええわ」と選んでたらまたみっともない話になるね。

もっと根底を言うたら、何人食わしたか、にあるのや、本当は。

ところが大きい会社っていうのは、経理も人事も全部分かれてしもうとるから、そういう考え方になかなか至れないな。

だから本当の事言うたら、事業部ごとに会社にして、経理部に経理やってもらうから支払わなみたいな、全部に社長がおった方が目が届きやすいというか、いろんなことを怠らないと思うんやけどね。

実際お金儲けっていうのは、簡単に言うたら時間の使い方です。「あー良く寝た」。これはもう頑張れないんだろうなって。僕にとって寝てるっていうのは死だから。死んでるのと何にも変わらへん。記憶にございませんやから。戻って来られるのが休眠、死んでしもうて帰ってこれんのが永眠や。ほんでキリスト教がアーミン（笑）。

どうやったら儲かるように時間使いこなせまっかっていうたら、会社に身を置いてる人はいかに不特定多数の人と時間を共有できましたかっていう事の繰り返しなんや。

どれくらいの人と会話を楽しめましたか、だったり、どれくらいの人とプロジェクトを進めることが出来ただろうとか、どれくらいの人の面倒を見てあげられただろうとか、どれくらいの人と一緒に食事をしただろうとか、ランチを食っただろうとか。

零細企業とか、中堅の企業の社長とかにいつもお話しさせて頂くのは、社長一緒にご飯食べてる？　って。

「いつもランチ何人ぐらいと召し上がられるの」と聞いたら、四人くらいと。一人で食べるときもあるけども、大体三人か四人くらいと。僕に言わせたらもうそれが足らんと。会社何人いてんのって聞いたら、百四十人ですと。弁当のやつもおったり、近所出る奴もおったりで一緒に行けませんと。

せやけど、一年間三百六十五回あるんや。休み抜いても二百回はあるで。なるべく多くの社員さんと一緒に食事をとるように心がけてください。じゃないとみんな辞めてしまうで言うて。結構深刻になっとったよ。そうかもしれない、辞めていく奴が会うたことない奴ばかりやと。社員っていうたら自分とこの身内やん。なんで会わないの。

社長と新入社員は一部屋に泊まれ

飯食うってことは、遠慮がなくなるということ。

遠慮が、配慮に変わる。遠慮でなく配慮に変えるためには、まず一つ屋根の下。でもこれは難しい。嫁さんもおって全部おるのに。「明日から部長一緒に住もう」って言われて「えっ?」みたいな。それちょっと大丈夫ですか社長、となるやんな。

せやけど飯ぐらいなら行けるで。「同じ釜の飯」いうやつや。社長と新入社員が出張先のホテルで一緒に寝るということ零細やったら時々ある。

ただ、中堅企業だとないよ。僕に言わせたらこれを遂行するべきや。ツインでいいじゃん。自分だけ経費ふんだくってロイヤルスイート? なにそれと。

課長でも係長でも、新入社員でもなんでもいいから、一緒にツインとって社長のいびき聞いてみるんやって。

　そんなら社長、うちの親父と何にも変わらへんわみたいになるの。それが親近感なんや。親近感もキンコンカンも一気に手に入れる最良の方策は雑魚寝《ざこね》なんや。雑魚寝。遠慮が配慮に変わるっていうのは、マイナスが大きなプラスに変わることで、雑魚寝で一気に変わります。人は鏡って言葉がある。人は鏡っちゅうのは、まさに人に尽くしたことが、全部自分に反映されますよって事やんね。それを鏡にたとえたんね。これは神道由来や。

　目の前にいる人のことを常に思いやることを心がけていれば、それを見ている人は五人、十人、百人おるかもしれん。誰でもいいねん。僕なんかね、電車で向かいに座った兄ちゃんがでっかいリュック持ってただけで、黙ってられへんようになってくるねん。

　なんでかわかる？　みんな思ってるやろ、でっかいリュック持ってるなあいつって。僕言うてまうねん。「お兄ちゃんどこ行くのそんなでっかいリュック持って」「いや、今から富山県のほうに」「ほんまか、すごいな自分、気いつけて行きや。まだひょっとしたら寒いんちゃうか、春やから」「いや大丈夫っす、もう今日で二回目なんで」って言うて。みんながよう聞けんこと僕が聞いたってん。

でもこれ、どのくらいの人の為になったかなって。どれくらいの人が疑問に思ってたことを、一発で解決してくれた人がそこにおったかなって、そういうことやねん。

またある日、地下鉄に乗ってたカップルの彼女がめちゃめちゃベッピンさんやねん。ほんで、彼と仲良しやねん。それでも僕声かけてまうねん。「兄ちゃん、めちゃめちゃベッピンさんやな、自分の彼女。良かったな」そしたら「いや、はい」みたいな（笑）。みんなの前で、電車の中で。あ、はいって。お姉ちゃんも深々と頭を下げて。

でもそんなんが幸せやと思わへん？　幸せっちゅうもんはな、自分でこさえるもんやなく人がもたらすもんや。それをもたらしてない人がどうやって幸せになれる？　次が自分の番やねん。

美人やったんやで。みんな思っとるけどだまっとんねん。なんで言うてあげへんの。言うてあげるから自信がつくんちゃうか。人がもたらしたことで、自信がつくねん。褒めてくれる人が一人でもいると。そのものに価値を与えてあげること、それが評価です。

ぬるいコカコーラに目をつけた

そもそも、バリに来た理由は、ここに日本があったから。

昔の社会そっくりです。どの家入っていってもそっくりやわ。おばあちゃんぷらぷら歩いてるし。何の遠慮もない。それでいて気はつかってくれるよ。なんか飲むか、みたいな。恐ろしい貧乏してる人が、何か飲んで帰るかとか、庭のマンゴー切りとって食わしてくれるって、そんな馬鹿なっていう。日本は何でもあるのに、何にもくれへん。おもろいよ、これな。僕やったら、うちの自転車乗って帰れよとかな、あのベンツどないや、乗って帰るかとか（笑）。

最初に一人で来たときにそう思った。懐かしいと思ったもん。よう似とるわと。ほんとに。海外は近所ばっかり行っていて、チェジュとか、グアムとか。近所で安いやつばっかりね。ちょっと調子こき始めてからヨーロッパ九か国とか。トレビの泉だけね、覚えてるの。あとは全部分からへん。九十九パーセント迷子やから。

バリ島は、最初一人で来たね。その時ほら、みんなやっぱり休みじゃない時、来てしもうたんやな。めっちゃ高かったもんな。昔バリ島って。ぼったくりバリ島やった。二十六年前に来て、三秒で決まった、自分の中で。これやと。ここに住もうと。当時日本人まみれやったもん、やっぱり。バブルたけなわで。最初レギャン、クタに住んで若いから毎晩ディスコで飲んどったね。仕事もウルトラ即開業で。テキヤ業もやったし、輪投げ言うて。

で、製氷機のリースも始めたし、レギャン中心に。スミニャック、クロボカンも行った。クロボカンは田んぼばっかりで、ディスコは一つ二つしかなかったんやけど、なかった訳じゃないねん。あった。

最初にコカコーラ頼んだけど、ぬるいコーラしかなくて。おまけに、インドネシアはラベルの色がピンクやねんなと思ったら、全部色が剝げとるだけだった。古っみたいな、怖っみたいな。

なんかちょっと違うねん、テイストが。

インドネシアは甘いのばっかし飲むから。コーヒーも甘いねん、どこ行っても。なんじゃこれ。先に言ったわ、砂糖入れんといてって。言わな絶対シュガーてんこ盛り。そうやった時に、やるなアメリカ、ほんましたたかやなと。これわざわざ炭酸抜け気味にして、糖分増して、インドネシアのハートつかもうと思っとんのや、アメリカと思った。ただ色剝げとるだけやったっていう。怖かったもん、考えたらゾッとしたもん。僕のお腹どうにかなっちゃうと思ったもん。

電気が通る？　それなら製氷機や！

それで冷蔵庫のリース。当時まだ氷が全盛で、氷屋が道で氷引きずっとってね。その氷をビールに入れて、下さない訳ないやん。にいちゃんが道ゴロゴロ、ゴロゴロ引きずってる、僕の目の前を何十回も横切った氷や。よく腹下しとったな。

そしたらちょうど発電所作りよって電力が増量されるところだった。これいけるんちゃうか思うて、そんでジャカルタ行ったけどお金がいっぱいかかったから、スラバヤ飛んで行ったら、中古とか結構なんでも輸入しとる中国人がおって、そいつと契約して、「僕この冷蔵庫全部買うわこれ」言うて。「まじ？　旦那」言うて。その代わりトラック代まけてくれ言うたら、えーって。

当時ルピアに対して円が弱かったから。だからウルトラ契約モードでがんばろ思うて。スラバヤナンバーの車をデンパサールで見つけては、止めんねん。止まれー止まれー言うて。そしたら、運転手の兄ちゃんに「あのさ、スラバヤに荷物あんねんけど」。運賃知ってたから「これくらいでどうかな」って言ったら、「そんなにくれるの」って言いよったんや。しまった、やってもうたと反省や。もっと安いんや、こいつ、思うて。でもすぐに契約して、よし行くぞ、言うて。今からスラバヤに行くわ言うて。ちょっとだけな、二時間待ってくれへんか。えっ何？　って言うから、何ちゃうねん、僕お前のトラック乗って帰るからって言うて。

ほんで一緒に行って、家電屋行って、中古のやついっぱい積んで、今から帰るで言うて。そしたらお前本気で言うてんの、運賃二割増ししてくれとか、どうのこうの言うから、何言ってんのおっさん、九割引きにしてくれ言うて。金ないんや、これ買うたから言うて。すんげー買うて、持って帰ってきたのが最初や。最初のビジネスや。

ガラス張りのでっかい冷蔵庫買って。今はどこにでもあるけど。昔なかったんや。パンから野菜から何から、入れんでいい調味料まで入れとったわ。物置みたいになっとった。次は製氷機。製氷機はみんなビビりよったで。ゴロゴロゴロと氷が出来るところをずっと見とるの。で、また閉めるの。


それまで、糸みたいな電線ばっかりで、真っ暗。だから遠いところから氷持ってきよるのや。そういう時代やったな。ところが、ドカーンって送電する言うて、ごっつい盛り上がってたから、やるじゃんみたいな。レギャンのディスコで元々仕入れた情報や。

僕、アホみたいにいろんな店通っとったから、レストランからディスコからクラブから寿司屋から全部行っとったから。そんで、親分とみんな友達やから、そこで聞くやん。お前、こんなんあるんやけど、どう思う言うて。えっ？　氷勝手に出来るの。勝手に出来んねや、お前それ見たことある？　おー知ってるよと。釣れてんねん。えー、まじ、あんなんあんの日本は。あんねや。あのな、月にこんなくらいで借りてくれへん。え、五十万ルピアって。高いわ、それ。あのな、約二万円や、二万円ちょっとや。せやけど、五万円儲かるで。えー、そうかな、みたいな。これ高いって言っちゃってるな、こいつと。それやなかったら一万五千円にしとくわ、みたいな。商談成立。それで配り倒すっていう。納品ですみたいな。三人いたから、ビーチボーイズ三人衆って言うねんけど、こんなロン毛で配りよる。昼はサーフィン、夜は配送みたいな。おもろいやろ、これ。

なんでうけたか覚えてます。みんなには買うたって言えって言ったからや。買うた言えば、親分たちも格好つくやろ、渋いやろ。誰も持ってないねんから言うて言わせた。一か月もしたら、僕配り倒してみんな持ってる。大きいところだけやけどな。小さいところ、需要がないので、氷溢《あふ》れ返ってくるので。そもそも使わないしみたいな。それで最後買い取らすから。エグイで、ほんまに。散々貸してきたぼろぼろの中古。もう自分で新しいの買うよとか言いだすから。お前そんな寂しい事言うなと。お前の金、全部お前のところで使うてきたやないかい。そうやな、しゃーないな。これはこれでいるかもしれないから。とそんな感じやな。でもほぼほぼ買い取ってくれた、最後は。その時すでにダンプリース始めてたわ。ダム言うねんけど、あれ一台目バリ島で入れたの僕なので。

これも業者さん見つけて、全部中華、華人やったな。リースにしたのは、毎月入ってくる。じゃないと、給料払えないので。リース、イコール毎月入ってくる、イコール給料ってことです。逆に年で払える店が当時なかったので。年貸しだったら十万にしといたる。十万っ!?　みたいな。そんなんやったら、一万八千円でどないやとか、そんな感じやった。あれは時期が良かったよな。今だったら帰れ言われて、氷ぶつけられるかも。時流を読み込めるか、読み込めないかとは違う。ポイントは通うからやって。行きまくるからやって。そしたら馴染みやから、厨房入って行ったり、カウンター入って行ったりするやん。そんなら分かるやん。こんなん使ってるとか分かるやん。おもろかったもん。懐かしいやん、なんか搾るやつ。果物とか搾るやつ。ジューサーもやったわ。僕はすぐに貸そうとするから、とりあえず。

持ち金八千万が十七万円に

ほとんどお金がなくなったっていうのは、その後やね。

最後は十七万六千五百円しかなかったからね。バリ島に来た最初は金持って来てたからあったよ。最初七千万超えとったね。八千万近く持ってきたかな。

それを全部使っちゃった。

買うたばっかりのマンション叩き売ったり、ベンツも。全部や。貯金はたいて、親父にも一千万寄こせ言うて。僕学費も何にもないから、ばあちゃんからもらったやろ。一千万円寄こせ言うたら、お前一割引きや言うて、九百万円くれた。それも持ってきた。

新しいことやろうとするとき、最初は手出すなよって言われるやん、みんな。やったことない奴が九十九パーセント言いよるねん。出した奴はよう言わんわ。僕は出したことがあるので、やってごらんって言うねん。まず手出すねん。

八千万円から、十七万円しかなくなってん。事業も成功してるのに。貸し切ってたからや、人に三百二十万貸したり、五十万貸したり、それも回収不能。それ全部登記簿で返してきよったから、親父がとか、お母ちゃんが。家族付き合いしてきたから、家族付き合い。ここポイントや。当たり前。貸し借りだけで付きおうててみ、もう分からへん。さよならバイバイ。家族付き合いが命拾い。皮一枚繋がったんやな。

十七万円しか残ってない時は最悪や。

人にかまけたら死んでまうわ思うたよ、一瞬。くっそ、みたいな。いや、ちょっと待てよ。これ一応入って来るよな。ただ、間に合うかなっていう。売掛や。一体果たして間に合うかっていう。これとの戦いよ。

そんなら、バリ人が知恵付けてくれて、持ってる土地に看板立て回れと。FOR SALEとかFOR LEASEとかいっぱい立てればいいやん。一つの土地に三つ立てたらめっちゃ売りたいみたいやん。でも問い合わせが来たらそれほどでもないっていう。これを装ったらええやん。誰か僕の土地に勝手に看板立てとんのやろくらいの。そしたら値段がバーンと一気に吊り上がるから。それで九死に一生スペシャルや。

ある日電話がかかってくるんです。

もう終わったなと、僕ちょっと何か月かわからんけど、半年くらい日本帰ってくるわって言ってたら、電話あったよって。えっ誰からって言ったら、知らん人から。まじ？ 何の？ って言ったら、土地ほしいと。それがソル・パラディソやで、一発目。ホテルや。フロントカンパニーで、華人。中国人ばっかりや。日本人、誰も、一人も助けてくれへん。全部中国人が助けてくれる、何故か。たぶん満州や。じいちゃんがいろいろ中国に残してきたからかもしれん。巡り巡ってボカーンと二億三千万で売れて。そっからまた調子ぶっこいちゃって。毎日ヌサドゥアのレストランや。社員全員連れてって。メニューの端から端まで頼んで。ほんまのアホ。辛抱して、応援して、看板立ててくれたり、僕大丈夫だよ、元々給料なかったしと言ってくれた連中に恩返しせなと。さすがに僕の通帳見せたったら減り具合にビビってたけどな。

何回も死にかけた。

病気とか、そんなんは一回もないよ。事業家として金なくなる。それはもう何回もあるから。天下無敵の大判振る舞い。言われたもん全部買い占める。買い上げるというか、買い取る。ほんま、アホが付くほどお人よし。それが良かったんや、みんな助けてくれるんやから。助けてもろうたっていうつもりがあるからです。計算してないんです。計算高いとか、計算ずくとか、ろくでもない言葉ばっかりです。計算しないことに正義がある。

基本的に資産は手放したらダメ。

ただ、人の為にならっていうのは正しい。人の為になら。やむなくも何回もあった。そやけど、本当の人の為を考えると、やっぱり手放すべきではない。手放さんかったら、それで食うて行けるもんが何人も何十人も出てくる。それがホテルだったりするねん。それ手放したら最後です。ド派手なくそ親父で終わる。MCハマーみたいなのね。MCハマーと西遊記足したみたいになるよね。

残る資産とは？

自分が滅びても残るのは、間違いなく不動産です。資産っていうのはそもそも、自分が滅びて無くなっても残るもの。こういうことやね。さあ、数字は残るかな、微妙やな。この地、この場所は必ず残るものやし。もともと貯金というのは、金《きん》を貯めることであって、金《かね》ではないよって話。

例えばおじいちゃんに金もらったら、ただの金やない、形見や。ということは絶対に残るよな。相撲でものこったのこった。残ったもん勝ち、残せたもんを意識してるね。日本の古くからある、伝統とかスポーツ、何でもそうやねんけど、やっぱりその中の掛け声から何から、全部ヒントやねん。

税金が高くなってきたから、おじいちゃんからの土地とか、子供に引き継げない、普通に働いてるサラリーマンは。

残せなくなったら、社会的に失敗やと僕は考えているので、残せなくしてしまった日本の社会は、もうすでに失敗なんだよ。

なんか人に残してやろうってことが、本当に微笑ましくて素敵な事やん。これから来る人に。みんなそうやったよな。公園行って遊んでも、何してもゴミ持って帰れよっていうのは、その考え。

ばななより　2

「兄貴がおっしゃっていることがほんとうになってきてしまった」と思うことが、最近よくある。ずいぶん前に聞いたときはまだ「そういうものかなあ」と思っていたことが、足元まで迫ってきた感じだ。そんなとき「残せなくしてしまった社会は、もうすでに失敗なんだよ」という言葉が生々しく何回も胸をよぎる。

この間、保険に詳しいマハロコンサルティングの上田武史さん（前述。うちの子どもの面倒を見てくれた人。彼とも兄貴のところで知り合った。気楽な服装で同じ釜のごはんをいっしょに食べて徹夜すると、人はほんとうにすぐ仲良くなる。ハートのある人で、保険や相続のことを安心して相談できる）に軽く計算してもらったら、私が私の子どもに、今住んでいる家を遺せる確率はうんと低かった。彼は決して計算を誤る人ではないので、これが現実なのだと思って愕然とした。

私の子どもは、私が死んだとして、ローンの残りがあればもちろん払わなくていいけれど、結局相続税が払えなくて、私が死んだダメージがまだ残っている期間に家を出なくてはいけないということになってしまう。

それって、なんだか人間というものの成り立ちとしておかしくないか？ と思う。毎日きちんと働いてこつこつ返す期間くらいは見てくれてもいいのではないか？ 東京では夫婦共働きで一生働いてもマイホームは買えない時代になりつつある。可能な手段といったら、一生かけて返さなくてはいけない額のローンを借りることだけだ。老人になるまでローンを払い続け、その家は子どもや孫に残せない。これはもう、ある種の賃貸だろうと思って間違いない。

ああ、だから兄貴が「住宅ローンは組むな、もし東京に住むんやったら賃貸や」っておっしゃっていたんだなあ、とよくわかった。その教えを聞く前にローンを組んでしまったので、私もまたなにか別の方法を考えなくちゃいけないのだが、やっと理解できた。

自分の人生ということだけを考えて、社会の流れを見ないでいるといつのまにか渦に飲まれてしまうんだなあと反省もしつつ、こうなってしまったのだから、時勢を見つつやっていくしかないな、と腹をくくることができた。今さらながらやっとものごとを大きな目で見るということを学んだからであって、ここからのリカバリーを含めて考えていけるから、兄貴にはすごく感謝している。

「自分の住んだ、思い入れのある土地を子どもに遺せない、孫を守れない」

だとしたら、いったい何のために人は家を買うのだろう？

人間の本能を無視した社会に、いつのまにか日本はなってしまったみたいだ。

近所でもそういう現象をよく見かけるし、その傾向は加速している。

先週までおじいちゃんが庭に出ていて、挨拶してやりとりしていた古い家。庭いじりをする老夫婦の存在が通る人たちの心を癒していたような家。果物をおそすわけに行くと、おかずをくれるようなおうち。

しかし、そのお年寄りたちがある日倒れて施設か病院行きになるか、急に亡くなったりすると、すぐさま家はブルドーザーで解体、土地はぎりぎりまでたくさん分割され、誰も買わないかもしれない安っぽい、いちばん安い外壁材のでこぼこした変なベージュやグレーの色の、鉛筆みたいに小さい建売の家の工事が始まる。

うちの近所に、いつも玄関のところにいろんなお人形を置いているおうちがあった。おばあちゃんが少しぼけちゃっているのかな？　と思うくらい大量の人形が塀に並んでいて、ちょっとびっくりするくらいだった。でもそれはとても微笑ましく、見るたびに「おばあちゃん長生きしてほしいな」と思うようなものだった。

ある日、おばあちゃんが消えて、ブルドーザーがやってきた。おばあちゃんが消えてからやはり一か月以内だった。

またこういうものを見ちゃったなあ、と私は思う。この数年でどれだけこの光景を見ただろう。古い家が消えて、そこを四分割くらいして家が建ち、街が殺風景になっていく。その繰り返しだ。まるで人が死ぬのを待ってるみたいな社会だ。私たち庶民はよほどお金に糸目をつけないか、その後の展開をよく考えていないかぎり、家がほしかったらその建売の鉛筆みたいな家を、一生返せないほどの額のローンを組んで買うしかない。そして一生それに縛られて生きていくことになる。兄貴が言っている奨学金のシステムと同じで、借金を背負っているのが国民のデフォルトになってしまう。ある段階から昔なら貸さなかった額のお金を銀行が貸すようになった。昔は自己資金がある程度ないと、住宅ローンを組ませてくれなかったのに。

近所のそういう、急に更地→建売の家になった家の数々は相続税が払えなかったんだろうな、そしてすぐ売るしかなかったんだろうと容易に想像できるけれど、考える時間もなく、思い入れのあるものをのんびり片づけるひまもないなんて、あまりにも人間本位の社会じゃなさすぎる。

もしそこに子孫が住まないということだったら、当然「自分の住まない家だったら、なるべく安く建てて高く売ったほうがいい」っていうことになる。そして自分が住みたくもない家をとにかく建ててしまう。

それは国の衰退にダイレクトにつながる。国は「人間でできている」し「人間は子孫に残してあげたい」生き物だから。

額面上は「相続税払えない、更地にする、何か安く建てる、なるべく高く売る」は当然の考えだと思うし、否定はしない。

でも、そこをやっと建てて、ずっと住んできた、ほんとうは子孫に住んでほしかったおじいちゃんやおばあちゃんの思いは、暗く重い形でそこに残る。それがそこに住む人たちに、そこに住まなかった子孫たちに、そして社会全体に全く影響がないと言えるのだろうか？

長い目で人間というものを尊重した考えがそこにはひとつも入っていない。

このままずっとこの状態が続くなら、日本はほんとうに滅びるだろうと思う。

今自分が住める分があればいい、人のことは関係ない、祖父母も親も子どもも孫もつながってない、自分、自分、自分。

でも自分のやりたいことはわからない。

そういう人ばっかりのロボットばかりみたいな世界。

「日本の中にいたら日本を応援できないようになってきたから、国外から応援するんだ」と兄貴はいつも言う。兄貴は「和僑」だ。日本からたくさんの若者を呼んで、生き方、仕事の仕方、働き方のアドバイスをする。

お金が手元に十七万円しかなくなったとき、その人のほんとうの考えとか才能とかが出てこなかったらうそだと思う。逆に言うと、お金がたくさんあるのが前提の生活しか知らない人は脆《もろ》い。

八千万円持っているときのその人よりも、ないときのその人がやせがまんしているだけでかっこよくなかったら、その人はだめな人だ。

多分明日兄貴が無一文になっても、兄バイスを聞きにやってくる人たちは兄貴にごはんをおごって、自分の家に泊まってもらって、兄貴を助けるだろうと思う。

兄貴も「あ〜あ、プールつきの家に住んどったのになあ」とは決して思わないだろう。

よっしゃ、次はどうしたろか、と、やせがまんでもなくキラキラした顔をすると思う。そしてみんな、ついていこうと思うに違いない。

それは、兄貴そのものが宝だから。お金よりも資産よりも、替えが利かない存在だからだ。日本中の人がそうして替えが利かない自分を自覚するようになったら、この国を立て直すことができるのではないだろうか。それが希望だ。

兄貴のアシスタントのひろさんが、たまたま赴任したてのときに私は滞在していた。慣れない気候で体調を崩して具合が悪そうだったひろさんに、兄貴はいろいろな気配りをすごくさりげなくしていた。二日酔いしないミルクのカクテルをしゃかしゃか作ったり。おすそわけしていただきましたが、あんなおいしいミルクのカクテルを飲んだことは人生でなかった。キンと冷えてて、シャキッとしてて、何かが違う。

次に会ったとき、ひろさんは別人のようになっていた。オーラが違っていた。自分の生活に対して心底安心していて、愚痴を言わなくて（もともと言わない感じの人なのですが）、落ち着いていて、批判的な言葉や荒い言葉を口にしないし、裏表が全くない、しかも仕事ができる、そんな感じだった。

さすが兄貴がスカウトしてきただけのことはある！　と思った。あのつらそうにしていた無口な人がそんなふうに変貌する要素を秘めていることを、兄貴は一発で見抜いたんだと思う。

「若いお嬢さんが男ばかりの世界で働いていくなんて、しかもバリで暮らしていくなんて」とか、「好みのタイプだったたんじゃないですか？」みたいな勘ぐりはいくらだってできる。

でもひろさんの落ち着いた様子、人生を見つけた生き生き感が全てを語っていた。

オーストラリアに住んでいて、勉強がバリバリにできる高学歴の才女で、美人さんで、きっとそのまま行ったら、白人の大金持ちかあるいは同じくらいデキる感じのボーイフレンドと結婚していただろうなというようなひろさん。でも、それよりもずっと面白くて、唯一無二の人生を生きることができるところに、彼女は飛び込んだ。それが人生の面白み、そして自分にしかできない道を歩くことだ。

適材適所、よかったなあ、と思わずにいられない。だって兄貴の下で働いたほうが大変だけれど面白い人生になるに決まっているもの。

そしてそんなふうにしっかり育てたひろさんのことも、もしひろさんが他の道を行きたいとなったら、兄貴はしっかり見送るのだろう。

予想がつく人生はつまらない。十七万円から猛然とまた巻き返した兄貴の人生は、失敗を失敗と決して呼ばないようになにがなんでもしてしまう魔法に満ちている。

結局、稼ぐ能力というのは、個々のノウハウにかかっているわけで、百人いたら百通りあるに決まっている。

よく兄貴がおっしゃる「お金が儲かる講座に行くのもええけど、その講師の人、そんなに儲かってたらその仕事やってると思う？」は真実だと思う。

個々の稼ぐノウハウというのは「その人がそもそもどういう才能を持っていて、それをどうしたらお金に換えられるか」ということにつきる気がする。

兄貴は兄貴であることを百％生かしているので、兄貴らしくないことをひとつもやらずにそれをお金に換えたわけだ。

シャキッとした唯一無二のカクテルを作る力がある人なら、そして「僕のお金で泊まってる僕のゲストたち、僕のために働くはずの社員のために、なんで僕がカクテル作るんだ」などとは決して思わず、ただ楽しそうに踊りながらカクテルを作れるなら、どんな状況にあってもその人の明日は明るいということだろう。

第三章　リミッターを外して生きる

子供をいじれば国が豊かになる

「教育者としての道徳がきちんと備わっているかどうかをまず、重要視してくださいよ。文科省のみなさん大丈夫ですか」まずこっからだと思う。

子供をいじるのが、ほんま言うたら国を変えるのに一番早いねん。

それらが母になり、父になるから。そやろ。僕らをどんなに教育して、根性入れ替えても手遅れといえば手遅れ。子供をいじる、子供に関心を持つ。子供が大人に関心を持つ社会を再度取り戻すしかないねや。

失敗しないと成長がないことも教えなければならない。それを二度と繰り返さないっていうことが、結果を出す人を生むのやな、その人の考え方を生むのや。失敗をせなならんっていうのが、完全に根底からなくなった。それこそが大失敗やな。何を目標にしたらいいかわからないやん。ゲームで勝ったら幸せになれると思っとるねん。そんな馬鹿なっていう。地方の祭りも盛り下がって行って、だんじりやっとる友達ももうあかんかもしれんと。人が集まったらあかん。みたいな風潮やろ。それバラバラ事件ですよと（笑）。もともと人が集まって一丸となったのが日本ですよ。それがバラバラやったら、戦国や。そんなこと繰り返しまっかってことだから。戦争に向いていきよるわ。

尊重やで。互いを尊重し合う社会をきちんと取り戻す必要があるのや。

受け入れるという能力がものすごく薄らいだ。例えば結婚しました、奥さんとラブラブです。後輩連れてもう二度と家に帰ることはないでしょうって先輩ばっかりや。連れてこないでなんて言われちゃってね。えー、今から来るの！　私パジャマじゃない、みたいな。

昔はちゃうかったな、勝手に連れて帰ってきたもん。帰ったぞーとか言うて、奥さんすみません。ごめんなさい言うて。先輩休んでください。僕ら帰りますから。何言うとんねん、今から飲むんや。とか、こんなんやったもん。無茶苦茶やった。ほんまに。

次の日奥さんに土下座とかな。また優しいねん、奥さんが。またいつでもおいでやとか言うて。お茶漬けくらいやったらあるで言うて。ほんまに懐いてまうっていう話。ペットなんかいらんって話や。なんぼでも後輩連れて来よるから、家に。

世界に通じる子にするには？

今まで子供をたくさん預かってきた。

こっちの学校に行かせて、問題を起こしよるとか、事故しよるとかいろいろあったんです。一人子供を失っています。八十人は預かってきたかな。

彼らは最低トリリンガルです。高校三年生の時点で、最低トリリンガル。ペラペラにしゃべります。外国語学校出てもろくすっぽしゃべれんやついっぱいいるのに、それで使った費用なんぼよって計算して、上京させたり、それから思うたらものすごい値打ちや。

留学は早うさせたほうがいいくらいや。モラルバッチリ、エチケット最高。多民族とずっと付き合ってくると、恥になるということが必然として身に付きます。最初は分からへんのやけど、小さいうちからずっとそうやってくると、傍《はた》が教えてくれる。日本人よりも教えてくれます。

例えばインドネシア人が、アメリカ人が、イギリス人が、お前な日本の看板背負ってるぞ。そんなことしたら恰好悪いぞって、絶対教えてくれるで。だからすばらしいねん。きちっとした教育が、道徳的な教育が外国におるほうが身に付くように思うてます。日本におらしたらほぼほぼ画一的な年齢の人とばっかり過ごすんや。六・三・三から始まって、大学も全部ほぼ同級生と過ごしてたら、どうやって成長するんやと思うんや。

外国に出るとそうはいかんから、いろんな人、例えばホストファミリーみんなのお世話にならなあかん訳や。外国人は腹くくっとる。受け入れる人達っていうのはね。だからものすごい親身になって物事を考えてくれるし、大人になることを応援しとる。成功することを応援なんかしてないからな、そもそも。大人になることを応援してくれる人々です。だからちゃんとした大人になるよ。

家族は街なかに住め

基本的に女性はなるだけ家にいて、近所で交流を伸ばすっていうのはええ考えやと思う。奥さん同士で繋がってくれたらええな。家にいて退屈と思うんやったら、喫茶店の一つでもやったらええし、家でな。なんか飾る必要ないので、憩いの場所じゃないけど、人が出入り自由にして、お茶飲みにどうぞとか、それでテーブルに値段だけ書いてあったらしまいやから。三百五十円や、座った瞬間判明みたいな。そんなんでもいいねん、別に。

都心は家賃もなにも全部高いやろ。だからお父さん頑張ってさ、埼玉とか千葉まで帰る訳やろ。せやけど僕が奥さんだったとしたら、多少高くても思い切って引っ越したるで。なんとか安いの見つけてでも、レベルを下げてでも。下げるとこまで下げて、旦那さんの仕事場の近くに部屋見つけて、ある日突然鍵置いといたるわ。これ2LDKの長屋なんやけど、これにせえへんって言うわ。
住所見てビビりよるから。会社の近くや。これだけで随分寝られるし、助かるし、いろんなことが本当に有意義になると思うわ。なんでせえへんのかなといつも思う。このまま通勤させとったら死によるぞ。山手線なんか千回動かしても何もしてくれへんのや。ほんまや、そやろ。「お父さん通って四十年になりますから、一両どうぞ」ってくれたことないやん。なんの恩返しもしてくれないから。僕はそう思うな。

会社の近くはゆっくり休めるやん。子分連れてこられるよ。うち来いって。もったいないからうちで飲めって言うよ。そんなら周知を売ることになるな。例えば自分の奥さんを後輩一同に見せることが出来るわ。そしたら奥さんヤキモチやくだろうか。うれしくなるんちゃう。この人キャバクラばっかり行って、ぐちゃぐちゃになってるかと思ってたけど、そうじゃなかったんや。起死回生の一発や。一撃。ほんまや。家で飲むようになるよ。そんなら奥さんうれしいやん。待ってる身としても寂しくないやん。ほんでどないなる、子供は。おっちゃんいっぱい来るで、毎日。大きくなったなって言ってくれるで、みんなから。それで手だしてみ、ぼろ儲かるやんな（笑）。

お父ちゃんの友達、なんぼでも来よるから。おもしろいやん。ここでも長居や。

早う仕事デビューせな損

仕事を覚えるには自分より知恵付いた人に接すること。これしかないのや。

僕、幼稚園行ってないので。親父が飲んだくれとって行かせ忘れとったから。うちの親父変わった親父で、ばあちゃんが力を持っとったもんで、だから会社クビにならんねん。なんぼ休んで、なんぼ酒臭くても会社クビにならんねん。恩義があるからやな、恩義、忠義で会社におらせてもらえるっていう。ＮＴＴでした。そこに無理矢理入れてもろうたんや。

僕小学校入学したとき、周りが全部子供に見えた。レベルが違い過ぎた。ビックリしました。あの時の事を忘れないもん。同級生がみんな幼稚に思えた。何言うてんねん、こいつと思った。小遣いなんぼもらおうかなだったり、何言うてんねんと、自分で稼げって。

例えば僕がぼんくらで中学高校が私学で、無理くり金に物を言わせて入れてくれたとしたら、どれだけ金かかる？

実際はタダや、僕。これ親孝行って言うんちゃう。高校も行ってない。思いっきり稼ぎ始めた。大学も行ってない。上京もせん。アパート代もあらへん。さあ親父、何千万得したかって、そういうことですね。

だから実は僕は迷惑をかけてるようで、僕のほうがかけてないんや。親の負担がない。ほんと、自分で謝った。大人やったからや。中学の時やんちゃして、人の車の窓ガラス割ったり、ヤクザと喧嘩になったり、無茶苦茶なった。せやけど、自分で自分のケツ拭いてきた。誰も迎えに来てくれへんかったからや。

せやけど、例えば私学のちゃんとした高校生で、やんちゃしよった。お父さんとお母さん一発で飛んできよるで。どっちがちゃんとした大人ですかと思うな。

刑事さんとずっとしゃべっとったよ。おっちゃん、もう帰してな。一つ力になってほしいことがあんねん。こいつ足洗わしたってな。お前の兄ちゃんやろ。と刑事さん。どないなってるの。と僕。ヤクザに行く言うてきかんねん。お母ちゃんに頼まれとんねん。お母ちゃんがここに来よるねん。お前ちょっと頼んでみてくれへんか。と刑事さん。兄ちゃんにぶっ飛ばされるわ、僕。無茶苦茶なるわ。せやけど、お前懐いとるやんけ。一緒にいるの知ってるねんぞ。兄ちゃんと話す言うて、わしと約束するんやったら、今夜出したる言うて。僕言うてきたるって答えたわ。

そんで、お前かつ丼食べるかって言うねや。かつ丼って高いんちゃうって聞くねや。ほんなら卵丼にしとくかって言うから、かつ丼や。そしたら、小さい財布、昔あったやん。そこから五百円札ちらっと見えとんのや。足りへんやんおっさん。ひょっとしてぎりぎりなんかなと思いながら、ほんならやっぱり卵丼でええわ。胸焼けするわって言うたんや。中学生やで。大人や、もう。そんなこと言わない。胸焼け分かってないやろ、普通の中学生。おっちゃんに金使わしたらいかんわ言うて。

僕が最初セドリックっていう車買うた時に、430を買うてバーッて行った時に、声かけてきた奴がおって、友達やんねん、お前何してるの言うたら、大学生やって言うから、お前のお母ちゃん優しいな。親孝行せんとまだすねかじってるの自分、って言ったの覚えてる。そんなん言うな、みんな行ってるでって言ってた。

いや、みんな行ったから行っていいのかって話や。はよ恩返しせぇや、働いて。バイトしてるとか言うから、一回食いに行ったる言うて。食いに行ってくれる友達の方が実際えらい訳で、食いに来られてる場合と違うって話や。今度食いに行ったるって言ったら、ありがとうとか言ってたよ。

セドリック乗ってたよ、みんなが大学生の時な。それでこさえたのが一千万円ほどの借金や、奴ら。奨学金やなんやでローン組まされて、無茶苦茶や。いつになったらセドリック乗れるんや、お前。そんでウルトラエリートも何人かおって、同級生で。ちょっと田舎行った時に聞いて、その時にクラスメイトの友達に会うて、あいつ丸紅行きよったで。やるやん、どうりで賢い思っとったわ。じゃあ、あいつ儲かってるのかって聞いたら、なんか大変らしいでって。奨学金は返さなあかんわ、彼女出来てボーボー金かかって大変らしいって言うとったよ。

まじか言うて、僕も駅でたまたま会うて、お前丸紅らしいやん、めちゃめちゃ賢いやんけお前言うて、なんかそんなんなってもうてな言うて、なかなか大変やでって言うから、あいつが大変らしい言うとったわ言うて、その時は僕ベンツ乗ってた。もうレベルが違う、レベルが。だからどういう事かって言ったら、早うデビューせな損なんや。僕そんな風に思うんや。

稼げる人間にどうやってなるか

プロというか稼げる人間にどうやってなるか。大学では教えてくれへんやん。そりゃそのはず、先生もやったことないんやもん。これは完全にアウトや。先輩選べるけど、先生選べんからな。大変や。

同級生が高校とか大学の時代、僕は有名ディスコにいたから、そいつらが来たときに呼びよるねん。その時すでに主任とかマネージャーだったので、スーツ来て出て行って、なんやって言ったら、入れてよって。金もないのに遊びにくるなよ言うて、友達に。失礼な話や。頼ることしかようせんようになってしもうてた。

親頼って、僕頼って、これ頼って、とにかく頼りっぱなしや。そんなんが会社に就職してどないするかな、頼りになるって言うてもらえるかなと思ったもん。

結局、まあ入れや言うて。おごりっぱなしや、そして何にも恩返してきよれへん。おかしいな。

子供達もやがては、国際世界の中で暮らしていくしかない。でも、幼少期、まだ小学校、中学校、いろいろな時にお年寄りを敬うことをちゃんと身に付ける。やっぱり骨身に染みるという事を何度か経験してないとグローバル化を進めたら日本の恥になるよ。日本人、横柄な態度やとかなると思うね。

バブルの時はよかったんや。なんぼでも金を落としてくれるし、全部とか言って買いよるから、みんな。でも得意先やなくなった今日、ちゃんとグローバル化を進めよう思ったら、やっぱりモラルとかエチケットとかをわきまえておかないと、恥ずかしい、恥になるよね、逆に。僕はそんな風に思う。

一九六〇年代の日本人は世界に飛び出てすごかったとよく言われる。日本の道徳っていうのが、どんどん世界に羽ばたいていって、日本というのはなんて素晴らしい国だと。

だからもう一回取り戻さなまずいんじゃないかって話や。なんでか言うたら昔は祭りごとがしっかりしてて、テキヤにしてもそう。金魚すくいでもなんでもそうだったけど、大人と子供がいろんな形でのセッションとか、駆け引きをやっとった時代やな。おっちゃんまけて、兄ちゃんまけてえなとか、平気で言える時代だった。

僕ね、金魚すくい借りてきて、ブルーシート張って池作るやろ。それをやらせてもろうたことがあるのや。そんでやっぱりおばあちゃんとお孫さんと幼稚園か小学校一年生くらいの子や。すくわれへんのや、破れるんや全部。そんで三百円やったから、おばあちゃんが千円札出してきて、すみません。あと二回お願い出来ますかっていう訳や。おばあちゃん金はもうええから、僕これでもう一回やってごらんと。

要するに、金払ったからあかんのちゃうか。ただで授かったもの、預かったものだったら必死でやるんちゃうかと。その代わりお兄ちゃんの言う事聞きや、こないするんやで。当たり前にすくったらあかんのや、こないしてすくうのや。ここに。お兄ちゃんあげるから、これでもう一回やってみ。ほとんど紙なんてお兄ちゃん使うてないんやで。そう言った時に、うん、わかった言うて、また穴開けよったんや。水に長いことつけとったからや。

そんでついに泣きよったんや。これが頂きものと、自分で買うたものとの違いなんや。これはもう分かってる。僕が経験者やから。だから僕は端の方すくって、僕良かったな、持って帰れ言うて。大損や。でもそんなんやってたよ、ずっと。

生涯残るおもちゃやったら買うたれ

好意で頂いたものをだめにしてしまったら、ごっつい悔しくなるねん、子供って。
その感情が大切。本能なんや。買い与えるんやったら、生涯残るおもちゃやったら買うたれ。絶対どっか潰れて、廃品回収に出すようになると思うんだったら買うたらんでええ。残るものなら思い出や。これ母ちゃんが頑張って買うてくれたんやって思い出や。それが倅の部屋入った時に、棚に飾ってあったら上等や。こいつは将来恩を返す。そうでなかったらアウトです。全部ゴミ箱いっとってみ。ほったらかしになっとってみ。こんなものが将来物を大切にするとは思わん。無理です。滅多に与えられないものを大切にするという習性をもっとんねん、人は。

僕なんかミニカー一個買うてくれへんで盗みに行った。ばあちゃん買うてくれへんのやったらええわ言うて、すねて。それで家バーンって出て行って、おもちゃ屋に一直線やった。トミカつかんで、ポケットにガッサー入れて、ちょうだいや言うて帰ってきた。やるやろ。おっちゃん、えーっ？　言うて。おっちゃんと思っとったんは多分大学生かなんかのアルバイトで、えーっ？　みたいな。これちょうだいなって言って、ポケットに入れてそのまま出てきた。帰ってばあちゃんに、アホどこで持ってきたんや言うて、誰の子の取ってきたんや言うて、お店言うて。ばあちゃん店で激謝り。お詫びにボカーン金払っとった。ただ、取り上げはせんかった。さっき盗みよった人いてるでしょ。あれ、うちの孫です言うて。やるやろ、ばあちゃん。どんだけかほしいものやったら、自分で工夫しよるねん、子供って。取ってでもきよるねん。そんだけほしいんか？　そんならこれだけは買うたるっていう、ばあちゃんの心意気や。

じいちゃんが結構いろんなものくれる人でさ、鉄で出来た機関車とかな、いらんっちゅうねん、何やこれみたいな、木の人形とかな、ロボットみたいな。えー、これかなみたいな。センスはぶっ飛んでたものの、高価なものやと思うねんけど、大人と違うんやから、これかなみたいな、これどうやって遊ぶのみたいな。遊べないじゃんみたいな。子供の時って、ミニカーとか、そんなんがほしいのに鉄の蒸気機関車やって。これはつまんなそうだなとか、せやけど嬉しそうな顔して、二度と買うてきてくれへんのも寂しいし。ボロカス怒られるのも嫌だし、悲しませるのも寂しいし、複雑なんやて。

そういうことがじいちゃん、ばあちゃんと住んだ成果なんや。そういう感情が身に付くのや、必然的に。素晴らしいのや。

習い事は子供が選べ

子供が習うのならピアノ。

華道、茶道いろいろあるんやけど、基本的にそこにもってしてのグローバルやから。多少お馬鹿さんでも、多少モラルが薄くても恐ろしいくらい上手いピアニストだったらどないや。

だから食うていけることをイメージして習い事やんな。ピアノはちゃんと出来れば、船乗ってもどこ行っても活躍が出来るわ。海外の人喜びよる。こいつやるやんみたいな。ギターもええよ。なんでか言うたらな、ギターのある家とか、ギターのある飲み屋さんとか、そんなところで弾いたら喜んでもらえるやん。そしたら流しだろうが、何だろうが金になるで。そういうのはものすごくいいのや。

僕が言うのはな。要するに生計を立てられるかそうでないか。しのげるかそうでないか。戦争になってもギターが弾けるって言ったら、つかまってても助けてくれるかもや。こいつはええ奴や言うて。ギター弾いてるからええ奴やん。もうええわ、ギター弾いとけよみたいな。助けてくれるかもや。

数学出来て助けてくれるかな? 嫌な奴やな、バンとか。鼻にかけてやがるとか、そっちいっちゃうよ。結果助からない。数学ではない。カシオがある。八百円の計算機で充分や。そんなの関数でもなんでも、計算な、十秒あれば一発でこなしよる。

自分がトーマス・エジソンになれるんやったら問題はない。

いくらでもやらはったらええと思う。結果どういう事を言いたいかといったら、倅が、お父ちゃん僕習い事行きたいねん。なんや、言うて見ろ。こんなの習いたいねん。なんでや。僕ある本を読んで、すごく憧れて、僕はそんな人になろうかと思うんや。それに筋がピシッと通ってたらGOや。親が行かせてはいけない。なんか習い事せえと行かせることが習い事ではない。

僕の時代も華道、茶道、着付けから全部行かせよったわ。使い物になってるやつ一人もいない。そろばんなんかどうするのや。もう売ってねえしみたいな（笑）。

本人が行きたいと言わない限り行かせるべきでない。友達が行くからだったら絶対に行かせたらあかん。無駄になる、全部。その友達と切れてみろ。もう行きたくないとか、嫌だとか不登校になる。ほんまやって。僕は見てきたんや、全部。

売れる物を作る秘訣

友達を大切にしてる人が書けば売れるし、そうでないのなら、それほどでもないでしょうね。

どっちかっていったら、シーズン物ってあるやん。例えば、夏のって書いてあったら夏しかダメな訳で。でもずーっと売れ続けるのは、やっぱり継続して繰り返す、夏また来るよってことだったり、それを続けているか、その辛抱期間にどれくらいの営業と能力を持っているか。そういうことやんな。

例えばな、『出稼げば大富豪』（ロングセラーズ、二〇〇九年刊）もそうやけど、延々ずるずると売れ続ける。しぶといって言われてる。どういうことや。今まで書店でな、訪ねてくるやつがなんぼでもおるって言うのやから、不思議や。異様やん。でも、これは本能やから。

本能的に求められてるものは、延々コンコンと売れ続けるんです。最初は地味かもしれないけど、火が点いたら最後です。大爆発するよ。火が点いたらおしまいや、止められへん。その火は消し止められない。これは革命と呼ばれてる、世界では。ほんとやで。革命的であるか、そうでないか。これが恐ろしい評価の対象となるねん。

石原　売れるものを作るコツとか、その辺もお聞きしたいんですけど。二十年くらい前に、作家の五木寛之さんに売れる本を作るって難しいですね、って聞いた事があるんです。そうしたら、そうでもないよって。どうしたらいいんですか？って尋ねたんです。

みんな神社にいってお賽銭いれてお願いするだろう、と。健康のこととか、好きな人とうまくつき合えますように、とか。他には商売繁盛や、学業成就。広げればダイエットは無病息災に入るだろうし、と。そうした誰もが心底願うことに、答えを出す本はまったく売れないことはないと思う、と。五木さんがいつも真剣に読者が満足する作品を作り、その作品が多くの読者に届くことを考えているから出てきた言葉と思います。兄貴はどうですか？

売れるものを作るには、人を伝うもの。これを意識してくださいって思うね。

人伝い、必ず人伝うものや。なんでもいいから、取り上げられたから、ホニャララが言うたからではなく、人から人に伝えられたもの。これがどんどんどん長く続いたら、一攫千金でがんばった連中を大きく追い越すんちゃうかなと僕は考えてる。継承されやすいものや。大切なことなんや。大切なことが書かれている本っていうのは、絶対に金には換えられん。プレミアついて、十万でも買うよ。

例えばね、成功者だけに売れる。もしくは成功せないかん人だけに売れる。もしくはお父さん、お母さんに対して思いがある人にだけ売れる。さあ、何万部や。きっかけはどれでもいいのや。でも大切な事、人として大切な事があったとしたら、延々売れるから。そういうもの。

他には、知らんと恥。こういうジャンルもあるよね。知らな恥やと。これもあるんやけど、これも延々ではないねん。延々っていうのはね、思い出すという行為の連続なんやね。だから思い起こすことが可能な本だとしたら、もう一回書斎の奥底にうずくまった本でも、掘り起こしてでも、何としても見つけたい。それはプレミア百万でも買う。こういうことやんな。ということは、大切なことなんや。ということは、厳選されたものではなく、万民にとって大切なこと。

人数の多いところとか。最初小学校五年生の時にお金を得たみたいに、人通りの多いところに売り物は置く。これは絶対にそうです。そこだけは昔も今もや。じゃなかったら、上京なんかない。日本国内でも上京なんてありえなかった。自分の故郷、故郷捨てて、親を捨てて上京するのや。一丸となるためやったかもしれん、最初は。自分の知恵を最大限に活用して日本の為になりたいと考えたからや。

ところが今日そうでない。微妙や。親が泣いとる社会は理想の社会じゃなかったということ。これが意外と失敗かもしれないのや。ということは取り戻さなあかん。

インド、インドネシアで評価を受けたら、絶対に勝ちなんや。だからどれが当たってもいい。日本は素晴らしいと言ってほしい。それが僕は、日本に対する恩返しやと思ってるから。

今僕が育ててる人間が、役人から何から、数百人いてる。二十三年間、ドチンピラの時から大学出したって、警察学校入れて、軍隊の学校入れて、政治家になった奴もおる。今はジャカルタで刑務所入ってるけどな。

あいつに何百万、何千万使ったかわからへん。アマンダリの一介のドライバーやったんや。十八年前に会うて。よし、天下摑め。日本に応援してもろうた奴が国政を摑むんやと。

親日を更に深めるためや。先輩を継承した訳や。だからプットレオン、国政行きよった。で、逮捕された。贈収賄で。最悪やろ。今刑務所入ってる。ほんまや。

まだまだいてるから、僕が育ててるのは。僕は諦めないので。もう信長の野望からすでに何百年。兄貴の野望に変わったから、遂に。ジャカルタセラタンの警察署長は僕の教え子や。


僕はほんまにな、そういう夢を見て、進んでいきたいの。日本を応援してほしいからです。ほんま。日本こそが素晴らしいと大臣の一人が言うてくれたら、そうだそうだっていう人はまだまだインドネシアにはいるはず。

日本が我々を救ってくれたんやって思ってくれる人たくさんいるはず。インドネシア、この先も調子がいいので世界的にも頑張ってる。

ところで、インドネシアに散らばった日本人、何人いてると思う。僕の先輩もいる。後輩もいっぱいいてる。せやけど、何人が今後の日本のこと思ってるかなっていう話や。

まあ、もちょっと待って。頑張ってるから。一人検挙されちゃったから。もう最悪やな。ええとこまでいっとったのに。

農耕民族だけに、濃厚な人になれ

もう何十回も、政治家ならんかっていっぱい大先輩のじじばばに言われてる。わし金出せる、応援するって。いや、それは大丈夫です。はいはいって言うてるけど、ほんまに良うならないと思うもん、このままでは。

ちっこい市議会とかの選挙区で候補者同士が罵り合うからね、日本。こんなもんがええ国になれるとは思わん。僕が出馬したらすぐに対抗馬の事務所に頭下げに行くで。この度はよろしくお願いしますと。僕が当選しても、あなたが当選しても、日本を良くするため頑張りましょう。僕が当選したら副知事お願いできませんでしょうか。あなたが当選したら少しばっかり僕の仲間たちを立ててもらったらそれで日本を一つに出来るように思うんや、と。

直談判に行くで。そうしたらその市は一つになると思わへん。

まず全国に先駆けて、ウルトラ黒字の一つの市町村作ろうじゃないか。見習え、お前ら。と中央に言ったろうじゃないかい。そういう風にどうしてなってくれないのと。バラバラや。これからの日の丸は日の丸がいっぱい星条旗みたい。バラバラの思想でめっちゃくちゃや。こんなんが日本ちゃうよ。もう一回農耕民族だけに、濃厚社会を取り戻しまっせ(笑)。人と人が濃厚に付き合える、わけ隔てのない社会をもう一度取り戻しましょうよ。

マルガラナ英雄墓地行ったらいい。第二次世界対戦が終わっているのにインドネシアの独立戦争に参加した日本人兵士たち、自分達にとっての正義で死んでもいいやって思ってたっていうのはすごかったと思いますよね。

玉砕した日本兵ほぼほぼ誰の為に頑張りましたか。九十九・九九パーセント赤の他人の為に玉砕したんや。家族の為は〇・〇一パーセントや。僕はそういう風に思う。これは結果論や。思いは母親にあった。嫁にあったかもしれん。

ところが結果をちゃんとひもとけば、我々の為の玉砕やったよ。日本人を残そうと思ったんや、日本の未来をや。ということは、それを継承せんかったら、何を継承すんねんって話や。マクドナルド継承するんかって話や。

まだ彼らが天国行ってるように思わん。この辺うろうろしてはるで。頑張ってはると思う。お前ら目覚めろと。

それを変えていくのは、さっきも言った子供いじるのが一番。お前何するのや、と怒るんでなく、おっちゃん飴玉やるさかい、こっちやで、という正義を伝えていかなあかん。そんなら帰ってお母さんに報告しよるやん。なんかあそこの公園でおっちゃんに捕まって、こんなん言うてたでって。

なら、そうかもって思ってくれるお母さんもあるかも。そういえば昔、私にもそういうおっちゃんおったわって。みんなまだうっすら覚えとんねん。記憶の中にあんのや。

毎日山手線なんか乗るから忘れてまうんや。電気がいつまでもあるとは限られへんのや。なかったらどうやって運営するねんって話や。そやろ。僕思うわ。それやったら山手線な、走行速度五キロにして全部繋いだらどないやと思う。ダイヤもくそもないの。どこでも乗り降りできる。ずーっとゆっくり回ってる。ずーっとゆっくり回ってるの。急いでる人は歩いたらいいの。中でも歩けるの。そんな風なのがいいんじゃないの。

東大出て、京大出て、阪大出たら、立派な企業で初任給こんな感じっていうイメージがあるねや、これ。しかも私立でも優秀でっせ。関関同立でこないなってまっせっていうんやったら、イメージがあんねや。そういう人たちを稼がすための方策と政策を延々ずっしりと撃ちこんできた訳や。僕はやっぱりもう一回、世界民族は残してかかるってことに戻るのがいいと思う。

もともとあるものを残していく。そんな奴が金つかんだらええんちゃうか。だから今な、一騎打ちになっとる訳や。それをわきまえた金持ちと、流星のごとく現れて、それを受け入れることで形成した金持ちとの一騎打ちになってる訳や。アメリカもなってたし、あっちこっちなってるの。残したい、僕はね。僕らどっちみち死んでしまうし、そのうち煙になるから。

やっぱりどんどん残っていくのが日本のはずやで。神社、仏閣残しまっせと。儲かるとこだけが残ってるって、アホか、こら。ちょっと待て。儲かってるとこが、儲かってないところに援助をせいと。

子供は叱って許せって、すごいいい言葉だと思って。

残すとこってそういうとこですよね。大目に見るという考え方やな。

童心に返るには「やらかした」感情を取り戻すこと

あと、童心に返るとか、リミッターを外していく。リミッターを外したり、感情を取り戻すのにいい場所がある。例えばね、一人でちょっと自然の人気のないとこ行って、河原で魚でも貝でもザリガニでもなんでもええねん。昔相手にしてたことを、もう一回相手にしてみてください。それでもう外れていくから、どんどん。童心にも返るし、リミット外れると思うよ。

子供の時平気でちぎっとったザリガニの腕が、今日もうちぎれない。僕出来るわ。余裕や。

やらかしたという感情がもう一回自分の中で芽生え始めるから。しもうたと。小さい殺生でええねんで、でっかい殺生したらあかんで。河原で見つけたザリガニ野郎を餌にしてみちゃったりなんかしちゃう。そんでコイやフナなんか釣れちゃったりしちゃって。そんでそれ気づいたら焼いて食うとったみたいな。そういう殺生をやってみます。そうしたら自分の中で沸々と大きく湧いてくるのが、やらかしたという感情ね。その感情があまりないので、近年の人には。やらかしてごらんよ。そしたら、もっと表情とか感情が豊かになるはずで、えらいことしてもうたっていう。えらいことしてみるんやって。そのために自然を置いてくれたんや。相手も本気、こっちも本気や。命を頂くという尊さをもう一度きちっと噛みしめる必要があると僕は考えてる。

釣り人っていざとなったらものすごい優しかったり、いろいろ応援してくれる人がたくさんおる。

殺生続けてるからだと思うな。でもそれは、家族の為だったり、生活の為だったり、生きるということを、本当に考えてる人なんやな。

それがコンビニなんかで買い物してたら薄らぐんや。マサイ族なんかすごい分かってるから、毎日殺生せん。必要な時にするんやな。だから残ってきた訳や。

営利を目的として、いっぱい余って捨ててるのも事実や。それが生態系を木端微塵《こっぱみじん》にしてきたとしたら、守るべきものは何ですか、それをもう一回ちゃんと認識取り戻そうとしたら殺生するしかないんや。

農耕民族っていうのは、元々カブトエビ、いろんな微生物、田ウナギ。これを一旦滅ぼすことで、生計をたててきた民族やねんな。水を抜いて滅ぼし、でもそれが養分となり、うまい米を生み続けた。農薬にかまけてはいけない。

もう一つ童心に戻れる方法は、市民プール。行っても入らないとか、行っても子供に付き合わないとか、そんな大人が激増中なんやな。でもよくよく観察してみたら、若いお父さんとお母さんで、子供と一緒にワーってやってる奴おるねん。こいつは完全に戻ってるねん。それを見様見真似でやってみるねん。やってみたらもう戻ってると思う。小一時間くらいで。

目線を子供に持ち込む。それが自分の倅だったり、そういう事を意識しないとこれは戻ってこないので、実は。それを取り戻すと、何でも言うてくれる子供になる。お父ちゃんに、お母ちゃんには逆によう言わんとか。むかしは逆やったけどな、お父ちゃんには何も言わんけど、お母ちゃんには何でも話せた。付き合い、という事は子供に合わせるということやな。ということは、子供の時は平気で出来てたけど、大人になって出来にくくなったこと。これは馬鹿な事だったり、アホな事だったりするよね。そういう事を人目につかないところで、子供連れてやってみるとか。

昔、何も物がなかった時、ただ土手や草むらだけ豊富にあった時代があるやんな。よくお父さんが子供と段ボールですべってるの見かけたんや。ああいうの見たら、いいお父さんだなって憧れた。あんなお父さんになろうと思った。子供達が目指す必然のお父さんは童心を持ってるお父さんやな。お父さんであり、ちゃんとした先輩なんや。

リミッターが外れた人は自分が薄まった状態

リミッターが外れた人というのは自分が薄まった状態にあります。

リミッターが外れない人間は自分の命を大切にします。例えばね、自分の考え方を最重要視します。とにかく自分が大切です。この状態から遠くかけ離れた人、これがリミッターの外れる状態。

だから僕には元々、自分がないので。人のことばっか考えてます。いっつも。お前なんか食うたんか。自分がなんか食うてようが、いまいが関係ない。自分の腹積もり分かってるのは自分なので、そんなものは後まわしで、何ぼでも辛抱のきく人やから。なんやったら、冬の間冬眠したろうかなくらいの（笑）。人に尽くし続けることで、成熟と成果をうむ。豊かになる。

自分とこは刈り取ったさかいに、人のところはどうでもいいじゃなくて、刈り取ったもののの、まだ元気も勇気もあるもんで、あのじいさんとこに行ったろうかな、たぶん一人でやっとるで。そしたらみんなで押しかけて、手伝うたんやな、これが我々です。尽くし続けたら、豊かさがやってくる。オートマチックやったんやな、なんと。

人間って普通だと貸し借りで考える。やってやったとかね。貸し借りを言わない人と、それを言い続ける人と、どっちに仲間が多く、どっちがよりお金持ちで豊かかなという事を考えてみたら、僕いろんな人、何万人と見てきたけれど、やっぱり人の事ばっかり思ってて、人の事ばっかり思ってるおっさんが、豊かなんや。

なんでおっさん豊かなんやろうってずっと研究してきたんや、ほんま。結果やっぱり、一ページ目に載ってたんや。人の事ばっかり考えとるからなんや。そんな人の事を考えている人間に社員だったり、仲間だったり、いろんな人が金くれって言うかなって話なんや。言いにくいよな、そんな先輩に。僕の事ばっか考えてくれてるっていうおっさんに、更に金くれって。言いにくいよね、さすがに。口が裂けてもそれだけは無理や。ほんとそうやねん。それが豊かをどんどん形成していくねん。

未熟ゆえにそないなっとんのやな。せめて半熟、ようやく成熟や。人情だけは絶対何としてでも取り戻したい。すべての日本国民にあったものが失われてきたんや。うまいことちょっとずつ掠《かす》め取りよるねん。天才や、ほんまに。営利を目的とした人達が掠め取ったんや。鋭利な刃物とはよう言ったものや（笑）。

運は「呼び込む」ものではなく「送るもの」

追い風も向かい風もあんまり感じることはない。運ぶという考え方に変えたほうがいいかもね。「運」というよりも、「運ぶもの」やっていう。必ず相手があるので、運って考えたら自分に向いてるので。僕、自分中心の考え方が苦手。「運」っていうのは、どっちかって言ったら、自分の得や利益考えた時に出てくる言葉で、相手がある時には相手に利益を「運ぶ」という。だから同じ言葉でもどっちもある場合があるねんね。だからそういうとり方を常にしてきたように思います。とにかく相手があるほう、相手があるほうにとってきた気がするね。

お前自己中やからって言われたら、最後みたいな感じやん。自己中っていうキーワードが自分の中には常に存在していない。自己中があったら、半分失敗です。

レストランでメニュー全部って言ってしまった時、これ自己中の極みの行為と行動やねん。ところが、二回目から違うで。姉ちゃん、いっぱいオーダーされるのと、三つ四つオーダーされるのどっちが好きだって聞いたら、それはもう、うち歩合がありますから。いっぱいオーダーしてくれたら、私頑張っちゃいますけどみたいな。お前自己中やな。じゃあ、厨房のみなさんどないや、コックさんは火だるまにならへんか。いっぱいおるで、客。いや、うれしいと思いますよ。ボーナスが出ます、あとで。まじかと。じゃあ、店長もオーナーもうれしいのかって聞いたら、間違いないでしょう。よっしゃ、わかった。全部って。それで変わりました。ちゃんと確認をします。

最初な、ごっついやらかした感が自分の中で広がって、なんてことを言ってしまったんや、てんやわんやの大騒ぎで、キッチン火だるまになってるんちゃうか。えらい事言うてしもうた。結果いい事してたっていうことが判明。

そうでないのなら止めや。より多くの人の為になるだろう。より多くの人の心に残るだろう。まあ、そういうことを意識したらええんちゃう。そうやるとツキが回ってくる。

先人が残した価値を知る

どんどんくる。

あのね、幸せっていうものは人が運んでくるもので、自分自身が構成出来るものではないということを、まず認識しないとダメなんや。

残念やけど、そういう事なんや。人が運んでくるんやもん。全部普通にきれいな海も、青い海も、見て幸せだなって感じることは、僕たちの先人が残してくれたこと。それは手塩にかけたり、必死の思いだったかもしれませんねってことを、汲み取る人間がどれくらいいてるかなってこと。

僕思うねんけど、同じ分野とジャンルの人達で、銘柄が違うのいっぱいあるよね。例えばパナソニックとソニー。自分の事しか言いよれへんわな。ところが、パナソニックがある日突然、電通を介してソニーのコマーシャルうってみ、世界のソニー、素晴らしいよって、パナソニックが言うてみ。えー？　合併したのか、こいつらって。何にもしてませんよ。さあ、ここから一気に微笑ましさを取り戻せると思わへんか。ソニーが次、どんな広告うつのか、パナソニックの。そんなのが日本やったら、天下取るって話や、もう一回、世界で一番になりよるよ。

トヨタがＧＭの広告うってごらんよ。ＧＭ最高、さわやかじゃんみたいな。ＧＭで良かったみたいな。これは世界でどう思われる？　すげーってならへんか。恐ろしい自信だとか、恐ろしい評価を受けると思うねん。我々は大切なことを見失いかけていました。そういう事やって。人を応援することが日本でした。こういうことが、パーッと英語で流れてきてみ、これはトヨタしか売れなくなるので。ざまあみろって、そしたら買収したったらええのや、GM（笑）。

食べたい物は人が決めた物にする

人と人の縁の総量は無限やと思う。まさに切りがない。そんなことしたら兄さん切りがないですよって言うてくれるねん、みんなな。心配してくれる訳や。

あいつ、応援しても悪い奴やし、切りがありませんよ。と助言してくれる訳なんやけど、そもそも切りがないのが人生なんや。切れ言うてんのか。実際はそれは死ねって言うてんのとあまり変わらん訳で。

生涯継続するのが人生。人と生きると書いて人生。死ぬまで終わらない。自動的や。死ぬ前に終わる人生なんて聞いたことないので。

刑務所入った途端に人はこう言うねん、終わったって。意外と終わってないねん、そうやろ、また復活してくるねん。復活してくるから、終わってないじゃんっていう。それが運命や、だから人は終わらん。

選び好きの日本人は、近年選び倒しよるねん。こっちの女の子にしようかな、こっちの彼女にしようかなとか、必死のパッチやろ。そんで選んで、選んで、選んだ挙句にカスつかむっていうな（笑）。これも意味分からへん。自分の嫁から帰って来るなって言われてみたり。そんなばかなっていうな。選ぶからそうなることに気づいてないのや。

そもそも自分を未熟としたのが日本人の考え方で。自分なんて未熟者ですってしたのが日本人なんやな。昔は相手は優秀、相手の考え方が優位、こういう風に持ち上げたもんや。あなたは素晴らしい。どんどん素晴らしくなったはずや。

ある程度の、四十代とか五十代になると、人間関係がこれ以上増えなくていいよみたいな、友達もこのくらいでいいやって気持ちに働きがちなんや。そんで、そんな人が実際たくさんいます。付き合い増やさない、限定した考え方。じゃあね、それが五十だからいいよ、八十になってごらんよ。もう二人しか残ってないわ。それで、寂しいって言い始めるねんで。それを手遅れと呼ぶんや。

友達千人おるやつだったら、どないよ。八十になってもまだ四十五人残っとんで。まだまだ忙しいわ。なんやこいつら、たまらんな。明日釣りいかなあかんねん、とか言うとるで。どっちが豊かよ、どっちが幸せよ。

だから自分で選んだらあかんねん、自分で決めたらあかんねん。

僕な、レストラン行っても自分で何にも決めんねん。人に決めさすねん。何食べたい、じゃあそれにしよう。それを分かち合うって言うねん。昔貧乏しとった時なんかな、一杯のかけそばよりえぐい時あった。そば屋さん行って、半分ってないのって聞くの。え？　半分？　何それって言われる。普通一個ってあるやん。それの半分はないんですかって言うの。みんな一杯くれる。半分ないから、これ一杯で半分にしといてあげる、半額。優しいな、そんなんが日本やったで。

昔ほんとにあったんやで。友達とそば屋さんに行って、半分を分けよう思って。むちゃくちゃやろ。どこまで貧しいねんこいつら。それで一杯くれた。これ、分けー言うて。空のお椀まで持って来てくれて、分けやすいように。ただ今もおるにはおるねん。おばちゃんおっちゃんに。居てくれるのはいてくれるねんけど、やらないやん、誰も。やらないから気づかないやん。

昔はちゃんとやったよ。だから、気づいてるよ。なるほどな、人って優しいな、ありがたいなって。だから大好きになるやん。やらないから大好きになれない。

感無量とすぐ言う人は、意外と未熟？

感無量ってすぐに言わはる人ってね、意外と未熟なんです。

成熟してない証拠なんや。キムタクに握手してもらっただけで、その場で失神してしまう人。ビートルズの時もおったやん、いっぱい。感有量やったでって話や。無量じゃなかったよ。もっと一生懸命気にかけたれよって思うよな。大体シャケでもそうや。まだ脳みそが一ミリにも満たないシャケを大放流、大放出や、日本は。六年後に五万匹帰ってきよるで。すごいな。あれが無償の愛やって。大きくなって帰ってこいよ。託すことで大きくなるんや。託したことのない人が、さあどうやって大きくなるかなっていう考え方やな。人が信用ならんとか言うやろ。そんな奴がさ、どれくらい幸せになれるかなと思うわな。

今でも小学校二年生からの友達も来るわ。友達切ったことないので。切られたことはあるで。恋愛も自分から切ったことない。フラれるはあるで。切ってない彼女だから、戻って来ちゃうこともない。出て行きはったんやから。僕は切ってないから。

男も女も友達が一番。「従順・一途・裏切らない」だから。アホでも手がかかるのでもええねん。ただずっと思い続けることが、僕の中で肝要で、それがないとつまらない。

国も人も魚も境目がうまい

境目ってうまいやん。エンガワも境目、とにかくいろんな境目が美味しいねん。国も境目がうまい。国境や。両方取り入れる能力が高いからや。受け入れるっていう能力が高いと、やっぱり美味しいし、仕事出来るし、早いし、どっちの文句も聞いてるし間違いないよな。

ところが中心とかど真ん中、どストライクっていまいち微妙やん。押切りよるから。こういうもんじゃって言いよるから。いや、そうかなっていうね。境目うまいよな。だから九州で食うてもうまいし、チェジュで食うてもうまいねん。

いつも真ん中におろうとするやん、人って。それちゃうよな。端が一番逃げやすいし、何でも。車でも端が逃げやすいな。真ん中おったら助からへんこと多いやん。だから写真撮る時も、真ん中はやばいぞっていうのはそういう事やな。昔馬車がそうだったな。真ん中おったら谷底や。両端のやつ助かりよるねん。降りよるから。これは習性の問題で、実際真ん中を狙ってくるのが人やし、中心を狙うもんね、撃つにしても何にしても。ということは真ん中が標的。端のほうがうまい。

魚はね、端がうまいのはよう動いてるから、これだけやね。真ん中は動きがほとんどないので。

やっぱ動いてるとこうまいね。にわとりでも、何食うても。

ばななより　3

マルガラナ英雄墓地に、私たちチーム石原も、森田潤さんと望月龍平さんに連れていってもらってお参りした。

「この人たちを見捨てて帰るわけにはいかないよな」というだけで、異国で命を落とした人たちを兄貴が我が事のように思って大切に思っているんだなということが、伝わってきた。そういう人たちがいてくれたから、兄貴は、そして私たちはバリの人たちに大切に思ってもらえるのだ。

兄貴は日本人のお墓にはちまきみたいな目印をつけていってくれていたので、私たちはお線香をお供えした。間違ってオランダの人のお墓にお線香をあげたら、森田さんが「せっかくだからそのままにしましょう、このお墓の人も喜びますよ」と言った。これが日本人の考えだなあ、優しいなと思った。

兄貴は決して贔屓《ひいき》をしないし、人を区別、差別しない。でも初めて私が森田さんに会ったとき、兄貴が二階からリビングに下りてきて「おっ、潤ちゃん、来てたんか!」と言ったときの笑顔で、兄貴が森田さんを信頼していることがよくわかった。

ほんとうになにもないだだっ広いその場所で大勢の日本人がインドネシア独立のために戦死していることを、私たちは一回も学校で習っていない。

これからの時代の子どもたちは、もっと習わないだろうなと思う。

だから自分の目で、自分の足で、知るしかない。

自分の目で見たものを自分の人生にたくわえていく、そういう気持ちを持つしかない。

その知ったことが、たとえ小さくても自分を変えていくのだ。

私が初めて兄貴の家に行ったとき、兄貴は庭先のプールで小さなワニを飼っていた。

私と家族が兄貴の持っている土地とか家を見学に行って帰ってきたら、ゲストのみなさんがなんとなく青ざめていた。

「今日はマグロの解体があったでしょ? いかがでしたか? マグロ楽しみ〜!」

と尋ねたら、そのときいっしょに滞在していた漫画家の中祥人さん(『極楽バリ島　丸尾孝俊ボーボー物語』の著者。『ラチェキボーイズ』という兄貴の漫画をnoteにて共

著で描いておられます）が虚ろな顔で、

「いやあ、さっきマグロの残りをワニのクロちゃんにあげたんですよ。そうしたら、ふだんほとんど動かないのに、あのワニが急にすごい速さで動いてバリバリバリ！　ってマグロの骨をいっぺんに食べちゃって……ああ、こわかった」

とおっしゃった。

私たちもものすごくびっくりした。なにせ、そのワニはあまりにもじっと動かないので、私たちはもはや全く危険を感じていなかったからだ。昨日まで「おーい！」とワニに声をかけたり、動かないねと乗りだして見たりしていたことにぞっとした。

それからしばらくして私たちがいないときにワニが逃げてあわてて捕まえたという恐ろしい話があり、なんとワニの入っていた深い檻は、今、温泉プールとして生まれ変わっているのであった。

子どもたちを喜ばせるためにライオンも飼っていたことがあるという兄貴、でもライオンが肉を食べるところや、半端に食べ残す様子が怖すぎて子どもたちが引いたからやめて動物園に寄付したんや、と言っていた。

いろんなやりたいことをとにかくやってみるんだな、そしていつも変わり続けているんだな、と私は逆にほっとする。止まってしまったらそこで人は固まってしまうから、兄貴が動き続けているのに安心する。

お手伝いさんが持ってくるダイエットのサプリメントをこつこつ飲んでいつのまにか痩せていたときも、「この人が持ってきてくれるやつただ飲んでただけや！」とおっしゃっていた。

兄貴の言葉でもうひとつたいへん重要なキーワードは「人に聞いてそのとおりにしてみる」「人のあやまちを大目に見る」というものだ。

私たちはキリキリした社会にいて、つい相手を追い込んでしまう。人を選んでばかりいる。

私にもたくさんそういうところがあった。自分も何回も人に責められ、追いつめられているうちに、おかしくなっていたらしい。

一度出会った人とは縁を切らないという考えをそのまま発展させていくと、大目に見るということになる、と兄貴は何回もくりかえした。

それをひもといていったとき、自分の中のキリキリしたヒステリックな大人が消えて、子どものときに、泣きながら殴り合いのけんかをした子たちと次の日は仲直りしていたときのような、健やかな自分が戻ってきた気がした。

第四章

兄貴への質問

質問一

独立して会社を起こし三年です。

これから従業員を増やして規模を拡大していきたいと思っています。

どのタイミングで増やしていったらいいですか。

（不動産会社経営・男性・38歳）

一回、奥さんに聞いてごらん。

日頃しない事やってごらん。その中に大きなヒントが隠されてたりするよ。人を雇うにしても奥さん、弟、兄ちゃん、友達、女性でもいいやん。人づたいに絶対進めることや。新聞とか広告媒体づたいに進めてはいけない。人をたよってすすめたら強い。間に立つ人がささえてくれるからや。何処も応援してくれるからや。いずれ助かるのが勝ちや。

頼りになる片腕をすぐに作らなあかんわ。参謀さんを仕込むってことをやるんや。ワインでも仕込み、納豆でも仕込み、豆腐でも仕込みや。とにかく仕込んだことが成果になるので、次の人を育てるっていうのを続けたら、応援がたつ。その人の両親、その人の友人。それを見てる自分の仲間達。いろんな応援がたつので、やっぱり人を育てるってことを一気にやらなきゃな。

業界の違う人を見つけたら。同じあなたの業界から抜いてはいけない。反目に回るぞ。抜かれたほうは全部敵になるぞ。敵を生まん、敵をつくらんことに、そこに一生懸命努力が必要、今の日本は。日本一丸を目指すなら、敵をつくらないことに限るんや。やくざでもそうやろ。反目がおることで大変や。そんでおらへんようになってみ、王様やな。そういうことや。

教えなならん人や。次来る人は。教えて不動産屋になった人なら、裏切らんように思うやん。僕応援するから、教えるさかいに、いろいろちょっと付きおうてみてよ。こんな感じや。そんならちょっとくらい先輩でも、一生懸命仕事を学ぶと思うんや。そうしたら、社長社長言うてくれると思う、参謀さんは。そしてあなたの会社を大きくするだろうと思う。

そしたら、あなたが手塩にかけたことになる。手塩にかけて育てた人が完成する。そっちのほうが不動産売りまくりよるぞ。

今からでええねん。せやろ。人が育てたもんは必要ないのや。やり方はあるで。人が育てた人でも、育ての親に会いに行っての社長もいるで。それやったら大したもんやけど。それをようせん、今の人は。

がんばったれ。三年言うたら、ようやくの年。これからいける年やって。三年頑張らはったんやから、こっからの年やって。一気に行ったったらええねん。

質問二　人を雇ってもすぐ辞めてしまいます。できれば三十代くらい、二十代の若い子でもいいので、即戦力を雇いたいです。

（屋内施工会社経営・男性・38歳）

ライバル会社、行ったか？

ライバル会社に頭下げに行ったことある？　応援してくださいとか、男にしてくださいとか。行け、すぐに。最寄りのライバル会社を全部訪問すること。社長、男にしてくださいって。は？　お前同業者やないか、みたいな。僕はそれやったから、バリ島でも男にしたってて一なって。土木は特にやった。仕事ボーボーくれた。

今、異業種交流会とか流行っとるやん。全然バラバラの連中が集まる。そんなもん、相談に乗りきれたもんやないぞ。同業者には同業者としての悩み、相談するべきところがある。それは先輩です。長くやってこられたところ。五十代の社長がいる、六十代の社長がいる。そこ目指せ、そこ頭下げて行け。日本っていうのは、一丸となろうとした国で、バラバラになろうとした国ではないのや。ライバルを生むのが、競争を生まされたのが、他からやってきた風習と習慣なんや。日本のものではない。

日本は一丸やった、その昔。戦国武将もそうや。あっちこっちに頭を下げた。力貸してくれ、親分言うて。やられちゃう、僕達。僕達がやられるという事は、あなたもやられるから、明日。そうしたら一丸となろうやないかってなった訳やな。これは天才が考えた。僕たちの先輩や。そっちのほうが賢いし、そっちのほうが優秀で、それだったらわしの倅連れて行けって言うてくれる人がもしあったら、その二つと合弁で天下とれって話や。

質問三　どこの業種からでもいいから未経験の人を雇って、前の会社の社長さんにあいさつに行けという考えは、初めてでした。

頭を下げたり、ごめんなさいと言ったら負けのような気がしていました。

その発想はどこから湧いてくるのでしょうか？

（会社役員・男性・56歳）

僕が日本やから。武士道精神よ。どっちかって言ったら、正々堂々。要するに、みんなを巻き込む。いや、カトリーナとかちゃうよ。あの巻き込み方と違う。頭を下げることで、巻き込まれざるを得ない。巻き込まれざるを得ないんやな、彼らは。こいつ頭下げてきよった。やばいぞ、これ。これはいよいよ、重い腰あげるしかないわと。これは、もう武士道精神なんや。戦国時代です、要するにね。反目に頭を下げることの勇気やって。殺されるかしらん。そやけど、自分とこの兵隊守ろうと思ったら、親分が頭を下げるしかなかったんや。それが戦わずして勝つ。こういう言葉を残しはった。頭を下げれば無くさんですむ訳や。それを下げんから、プライドなんてしょうもない、ずーっとな、そんなことを大切に考えた人は全部滅びたんや。何万人も死なせてしまったんや。浮かばれないってことやな、この行為は。

手塩にかける。人育てる。それは日本精神やし、先輩がずっとやってきてくれてたからこそ、今日があるように、職人が生きてるように思うんや。ほんとに。ということは、育てることを前提にするならば、出来る人を雇用する必要ないんや。そしたら、その人に世話になった。その人に一人前にしてもらった、そんな奴が裏切るかな。裏切らないねや、そもそも。出来る奴雇用するから、優等生雇用するから、台無しにしてきたんや。あなたのお蔭で僕は出来るようになったんじゃないと考えるからや。

ところが、この人のお蔭で僕は一人前になれたと思われたら、給料なんかなくてもいいのや、極端な話。ほんとそうやった。僕がそうやったもん。それを教わったから、それを継承したいだけや。それでも給料だしてるけどな。それで給料出さない訳じゃないけど、それは大切ですよ、思いは。そやんな。

質問四　精力的な兄貴ですが体にいいことは何かしていますか？特別な食べ物をいただいていますか？

（ロルファー・男性・55歳）

生命力の高いものを食べる。それはもう絶対。有精卵食ってるし。無精卵なんかきらいやし。無精卵食べたら味がわかる。ゴクンって飲んで、こっち有精卵、こっち無精卵って味でわかる。それくらい違うよ、本当は。日本人はわからへん。誰に飲ませてもわからへん。全然わからへん。そのくらい味覚が違うよな。生命力の強いの食ってたら、覇気がある。病気せえへん。寝起きがばっちり。ほんま生命力な感じやな。

だから、たとえば雑草とか。水で育った野菜食わへん、あんまり。水耕栽培あんまりやらへん。つまとか、カイワレとかいいなと思うけど、風情があってええなとは思うよ。ええなと思うけど。

やっぱり土で育ったもんやな。土で育ったもんとか、生きてるもんやな。死んでるもんばっかり食うてない、日本人って。だってさ、何でも、とうもろこし始め、ありとあらゆるものが死んでるらしい。発芽しないとか、そんなやつばっかり食わされてる。だから蒔いとったら芽が出てくるやつ食うとったら間違いないよ。それは生きてるから。そこからエネルギーとかね。それをみんなビタミンという名前に変えてもうたから、これはみんなすり替える。

生命力のあるものにしかエネルギーはないんやって。宿ってないねん、僕に言わしたら。だから雑草食ってるよ。ものすごい勢いで雑草食ってるよな、僕ら。

挿《さ》し木で芽吹くやつ。これが生命力やから、ほんまもんの。ここ農家の人もいっぱい来るからな、いろいろ聞くけど、挿し木、接《つ》ぎ木が難しくなり始めたって聞いた。という事は植物自体の生命力が落ちちゃってる。どういう事かって言ったら甘やかすからや。栄養くれる、水くれる。全部くれるのや。昔の木な、誰もくれへんから、柿でもなんでも、必死で辛抱するやん、まだかなまだかなって。だからほんまもんやねんて。

ただ、みかんにしてもね、昔のみかん覚えてる？　一番安物の、皮がぼろぼろ、一発じゃむけへんし、それでむいたと思ったら真っ白。何これみたいな。そんで食べようと思ったら皮ゴワゴワ。分厚いビニールかぶってるみたい。そんで種ぼろぼろや。もう食べようと思ったら皮ゴワゴワ。丸ごところほとんどないやん。これが本物のみかんや。今のみかん、ツルツルツルツル。丸ごといけるわ。軟《やわ》っみたいな、種もあらへんし。どうするそのうち、ニュータイプっていってい ちごに種ついてなかったら。こいつやたらつるっと、フェラーリみたいになったなみたいな。出るかもよ。ほんと、数々の種食ってるよ、僕。

ドラゴンフルーツどないよ。どんだけ種やねんっていうくらい種やで、あれ。パッションフルーツもそう。種ごと食うで。全部芽吹く奴やで、バリ島は。

面白いのは、どう考えても儲かれへん。だってパパイヤ食べるでしょ。それでパパイヤの種プップップッて庭に捨てたるやん。そうしたら、パパイヤの芽がバーッと生えてくる。なんぼでも出来よるで。

これはパパイヤ屋さん死ぬわ。なあ、それがほんまもんやもん。生命力強い。生命力のより強いもの食ってたら、人間強なる思わへん。遺伝子強なる思わへん。デラウェアばっかり食べてたら、人間もデラウェアになるよ。

今どんだけ不妊治療よ。種なしばっかり食うてるからや。あれ全部有精卵に替えてみ、手間やろ、ものすごい。養鶏場気狂いよる、死んでまうよ。だから手間を省きよったんや。手塩にかけてが日本の伝統や。だから僕の料理、かけまくるよな。手間暇かけまくりまっせ。結果汗ボーボーや。さあ食べようかなの時に何ものど通らんくらい。いつもそうやな。

それが健康なんや。それでいて、夜中にラーメン食べよる、むちゃくちゃや。でもほんと病気せぇへんよ、僕。

できる限り運動はしない

マシーンで鍛えるとかは全然ない。あのね、出来る限り運動しない。何でかって言うとね、僕運動選手で長生きした人って一人もしらんねん。会うたことないし、見たことない。アントニオ猪木さん来てくれた時は、頑張ってるなと思ってんけど。やっぱりなんかヨボヨボ。同年代でめちゃめちゃ元気なちっこいおっさんおるねんけど、運動なんかしたことないって言ってる。やっぱり運動はせんに限る。寿命縮める。運動なんかしたことないわって言って、めちゃめちゃ元気やねん。

東京で生きのいいもの手に入りにくかったら釣り。釣り行って。東京でもいろいろ釣れるから。東京都の秋川市のほうでマスとかイワナとか釣れるんやろ。生命力があるものっていうのは、淡水とか海水でもやっぱり養殖された形跡のないやつやって。ということは自然のものや。だからしじみなんていっぱいついてるし、テトラポットにもついてるわ。ああいうのを塩ゆでして、楊枝《ようじ》でアテにちょっとずつ食うとかね。農耕民族、日本民族っていうのは、より小さいものを丁寧に集めて食べなさい。こういう教えあったよ。米粒の事を言うてる訳やけど、実際はつぶ貝にしてもそうやし、小さいものを、それが健康だと説いてる訳や。でっかくなればなるほど、一つで満腹になるやん。そこに健康はないのや。ということは、どういう事を説いてるかと言ったら、生命力のあるものを数食えと言ってる訳やな。一つの種やねんから、米粒でもなんでもそうやろ。ここは僕思うねんけど、しじみや。あれ、一個一個食うて腹いっぱいにならへんやろ。だけど、あれ一つの生命や。そんなんと思うわ。納豆とかそうやな。生きてるやつ、食べるのは死んでからでええねんけど。でもそういうことを説いてるんやと思うな。実際僕もそう思うねん、やっぱり。小さいものを工夫して集めて食べたら、絶対健康になると思う。ただ、一杯で腹いっぱいになるようなシリーズ、これは全然健康やないと思うねん。例えばスイカ腹ポンポンとか、それやったら昔あったグミとか、あんなんいくら食っても腹いっぱいにならへんわ。ああいう事を言ってると思う。僕も実際そう思う。

たくさん小さい命を食べる

雑魚や。あとはいわしや。これはもっとひもといたら、全部貧乏人が食うとるもんなんや。金持ちが口にしとるもんは、早死にの秘訣やねん。僕ら昔、沼エビっていってな、大阪の少しそれたところ行ったら、沼でこのくらいの透明のエビがいっぱい取れるんや。それとってから揚げにしてな、塩振って食べたわ。全体食や。小さいからむいて食べたら無くなってしまう。だから結局沼エビは髭《ひげ》から何から、頭から脳みそまで全部食うねん。これサクッとしてうまいで。かっぱえびせんのせんのないやつや。かっぱえび。

腹八分っていわはるやん、みんな。いや、減っとったら食うたらええのや。美味しいと思って食べたら身になる。うちのばあちゃんが死ぬまで言うとった、これ。美味しいないと思ったら、止めればいい。欲してない証拠や、身体が。うまいうまい思ったら、ガンガン行ったらええ。

自分で量を決めない

お酒は飲めたら飲む。いらんと思うたらいらん。結局決めない事やねん。今日は何本って決めるでしょ。いらんかったらいらんでいいのや。いろんな事決めがちやん、日本人って。なんかするにしても絶対決めてからとか、僕それないねん。行き当たりばったりの人やから、ずっと。決めてかからないね。それで決めてかからないから、どっちかって言うと人に関して寛容やん。ファミレスかなんかで飯食おうかと思って、パッと人に会うて、先輩って言うたら、今からかつ丼食いに行くけど行くか言われたら、行くって言う。パーって九十度変わるねん。そんな奴の方が人気あるで。飯食いながら、ところでどこ行こうと思ってたんだ。まだ決まってなかった。なら決まってないことが有益。先輩おごってくれる。これが決まっとってみ。今日はうな重、うな重って、頭がうな重になってるから。それ難しいで。決めない事です。決めるのは周囲の人。イメージそんな感じ。

質問五 一時的な快楽に溺れそうになることがあるのですが、どうしたらいいでしょうか？

（俳優・男性・38歳）

一時的な快楽に溺れる者に成功なし。間違いないです。

というか、ジャンルがえらいことになるのばっかりや。一時の快楽シリーズ。ほんまそうやろ。薬、ギャンブル、女、覚せい剤、全部あかんよ。一時の快楽。そんでその一時の快楽にはまってまうやん。ずっとそれやってまうやん。かといって、永続する、長く続く快楽がいいと言ってる訳では決してない。それとは全然違う。快楽自体が求めたらあかんもんやな、そもそも。授かった快楽。これいいやん。これはええねんけど、自分が求めていった快楽にろくなもんない。

質問六

日本に暮らしていると、どんどん小さく、小さく考えるようになっていくんですよね。

何回も何回も自分で、大きく考えるようにすごく頑張らないと、なんか細かくなっていく。

例えば、教育の事ももちろんそうだし、保育園じゃなかったら幼稚園、幼稚園じゃなかったらどうしようみたいな。一所懸命決めなきゃいけないような、あとシャンプーはあれを買って、あのシャンプーだったらこのリンスにしなきゃみたいな、日本にいるといろんな小さい選択肢があるから、どんどんどん小さくなっていって、たまに外国に行ってリセットすると、二つのシャンプーのうち、どっちでもいいじゃんって思う。シャンプーはたとえですけど、いつもそう思って、あれ？　いつの間にかまた小さくなってたみたいな感じ。どうしたらいいでしょう。

（作家・女性・54歳）

道しるべってあるやん。どっちかって言ったら人に尋ねるってことしてないからやと思う、今の人は。例えばね、僕がスーパーのシャンプー売り場行って、お姉ちゃん見つけてかわいらしいなと思ったら、どれがええのって聞いてみるんや、すぐに。これ売れてますよ。いや、どれが売れてるのか聞いたんじゃなくて、どれがいいと思うかあなたに聞いたんや。私はこれ使ってます。じゃあ、これって言うから。気分いいやんな、そんな人。大好きやんな。私と同じシャンプー使ってる、おっちゃんみたいな。

好意を寄せるというのはまさにそう。

行動と行為の中にあるやん。だから僕はね、自分の事を自分で選んだことがないねん。どれ着たらええって聞いてみたり、アイスクリーム屋さんいくやん。アイスクリームがたくさんあるやん、カラフルに。サーティワンでもなんでも、そしたらお姉ちゃん、どれが美味しいの、私これが好きって言ったら、じゃあこれって言うから。自分何にも選ばへん。ほぼほぼ選ばへんよ。あそこに書いてあるやん。従順・一途・裏切らない。従順や、僕は。知らん人に従うよ。

質問七　人を採用するときにどこに注目したらいいですか？

（俳優・男性・38歳）

友達の数。絶対友達の数やわ。

雇用条件の一つに友達何人いるとかがないとダメやわ。友達のおれへん奴ばっかり雇用しとったら会社潰れるよ。日本のでっかい会社、社長、広報部長、人事部のえらいさんが来とった時に、一つ知恵としてお願いしてみたことは、面接の時に友達と一緒に来なさい。あなたの一番大切な友達と来てくださいｏ そしてあなたは一言もしゃべらなくていいんだと。あなたの事は友達にしか質問しないので。こういうのやりなさいって言ったんや。大成功やと。ほんとにやったんや。

続けるっていうのが得意であるというのが、まず大事。続けてきたから友達の数増えたんやな。前におった友達を切らんかったからや。ということは、就職しても長続きするよってそこに書いてある訳や。

意外と友達少ないのが日本人やから、そこ伸ばしてかかることもまず頑張らないかん。

ということは、基礎に何があるかと言ったら、受け入れるということをやっていましたかってことやね。受け入れまくるねん。人を受け入れるという事を延々やってきたら、必ずいろんなお客さんも増えるし、いろんなことなるんやろうなと思うよな。

どれだけ友達の事を大事にしていただろうかが評価やな。

質問八　兄貴にはスランプの時の脱出法ってあるんですか。

（会社役員・男性・56歳）

スランプマックスや。

スランプまみれ。ドクターじゃないので、ミスタースランプって呼ばれてた。脱出しまくりや。歩く引田天功って呼ばれてたから、また脱出しよったって。全然余裕なので。

具体的には人を頼りにすることです。アテにするのは失礼で、頼りにするのは大事や。頼りにするってことは相手の功績になる。だから人を頼って下さいって思うんや。頼りにしてるぞって言われたらうれしいやん、なんか。任せとけってなるやん。

ただ、アテにしてるからなって言われたら、そうやなみたいな、ちょっとさみしい感じするな。頼りにする為に人があるのや。随分違うよ、がっかりするよ。社長に言われたら。アテにしてるからねって言われたら、うーん、社長大丈夫みたいな。やっぱ頼りにするんがいい。頼りにされたら一肌脱ぐのが人だから。

ばななより　4

兄貴が質問に答えるときの「どんな球を投げても打ちかえせる、しかも瞬時に」という様子を実際にライブで見ると、鳥肌がたつことがある。

的確なばかりか、その人のいちばんの弱点がバシッと最初から見えているとしか思えないからだ。前に介護関係のお仕事の人が、とても過酷な二十四時間勤務をもうひとりの社員にたった三日間だけ代わってもらって、なにかいいアイディアがないかと必死で時間を作って兄貴のところに相談にやってきたことがある。その勤務内容の過酷さ、お給料の安さ、そしてその会社の社長の良くないところをその人が話していて、あまりのたいへんな様子にリビングにいた私たち全員がその人にじわじわと同調していったその中で、兄貴はひとこと「僕は片方から聞いた話だけでは決めないんや」と言った。その社長さんにもいろいろあるかもしれないし、あなたたちのことを思っている部分もあるかもしれない。会ったことがないから彼を悪者とは決められない。なにか道があるんじゃないのか？　と。

ああ、ここでその勤務の過酷さに同情して流されてなぐさめることは、実は親切でもなんでもないのだな、と私はすごく納得した。

言いにくいことはたとえばメールで後からいくらでも言える。人に頼んで言ってもらうこともできる。

でも目の前で、夜も寝ないで二十四時間働いて苦しんでいる人に対して、決して傷つけるような言い方ではなく、力みもせず、すんなりと反対意見を言うのはとても難しいことだ。

また違うあるときのこと、ものすごく怖い人たちが来ていたことがある。もちろん私たちにはその人たちはとても優しかった。そしてちゃんとしたお仕事をしている人たちだった。でも目を見たら、そしてその佇まいからくる殺気のようなものを見たら、かつてどれだけやんちゃな人生を送ってきたかわかる感じがして、冷や汗が出た。

兄貴は「あいつらごついねん。前にクロイワを生意気やってしめたりしてたしな。でもかわいい後輩やからちょっと話聞いてくるわ」と言って二階に上がるとき、

「ほんとうはまだ行きたくないんやで、姐さん」と私と握手してくれた。

その全部のちょうど良さに感動したし、兄貴の平等な優しさが一気に炸裂したようで、

胸がいっぱいになった。私たちがあの人たちをちょっとこわいと思ってしまっていることは、あの人たちに伝わってしまい、あの人たちを傷つけてしまったかもしれない。昔やんちゃだった人たちはそういうのにすごく敏感だから。そして兄貴は彼らに真剣に、全く彼らだけに集中して相対して、彼らのそんな気持ちをすっかり払拭してしまうのだろうと思う。

そして兄貴はたったひとりで、鼻歌を歌いながら階段を上っていった。

そうやってどれだけたくさんのことをひとりで解決してきたんだろう、その亡くなったディスコのスタッフみたいに先走って正当なことを言うでもなく、ちょうどいいタイミングを見ていろいろなことを勘を使って融通しながら、広々とした心で。

「僕はやくざやないよ」兄貴はよくそう言う。

前にも書いたけれど、兄貴は「兄貴」だと私は思う。

お金を稼いだからってなにをしたいんですか？

お金持ちの友だちがたくさんできたとして、その人たちと何をして、どんな人生にしたいんですか？

どこに住んで、だれといっしょにいたいですか?

それに対して兄貴の人生が出したにぎやかだけれど一人でやっていくという答えが私は大好きだ。

私は男じゃないからこんな言い方しかできない。成功哲学やお金の観点から兄貴を見ることはできない。でもこう思う。同じようにこう思っている日本の人たちに届けばいいと思う。

人それぞれの色でその人だけの人生のパレットに絵を描いて、それを見せっこして、助け合って、大目に見あいながら生きていくほうが、そしていつもリラックスしながらも状況をしっかり見て、瞬間の判断をして、毎日やってくることに対処してスリルのある日々を送るほうがいい。

典型的な成功の道を行くよりも、そのほうがきっとオリジナルの、いい人生になるよ。

その人生を束ねたら、世界は虹色になる。

夏の夢

吉本ばなな

目が覚めたら、鳥の声がうるさいくらいで、光は寝てられないくらい強くて。バリの朝は猛烈な勢いで太陽とともにやってくる。東からぐいぐいと押してくるのだ。

横を見たら娘のように大好きな、かわいいいっちゃんはもう起きて、荷物の整理をしたりベランダでメールチェックをしたりしていた。

となりの部屋をのぞいてみたら、夫はくさいドリアンをベランダで剝《む》いていた。朝の光の中でドリアンはきれいなお餅みたいに見えた。

私の子どもはもう大きくなっているのに、大自然の中にいるせいかいつもと違う、赤ちゃんのときと全く同じ素直な顔でぐうぐう寝ていた。

窓の外は青いプール、きれいな水がいっぱいにたたえられている。風が強くて、ヤシの木がぶんぶんしなっている。そしてそのさらに向こうには海。

いつも音にあふれているバリにいるのに、どこか違う場所にいるみたいに静かだった。

旅の仲間たちといっしょにねぼけまなこで朝ごはんを食べる。

兄貴のホテルにいる働きもののおじょうさんたちと、休憩中の運転手さんたちはおしゃべりしながら玄関に集っていて、それはなんとなく音楽のようないいテンポに聴こえてくる。

それぞれがサンドイッチとミ・ゴレンとナシ・ゴレンから朝ごはんを選んで、来るのを待ちながらドリアンをつまんだりする。

「ドリアンとビールをいっしょに摂って死んじゃった人がいるらしいよ」

「猛烈に膨れるらしいね」

そんな話をしながら、のんびりと目をだんだん覚ましながら、朝ごはんを食べる。

今日ははるばるデンパサールから会いに来てくれるイダさんのヒーリングを受けようか、それともここにいるエステのおじょうさんたちのマッサージをひろさんにお願いして手配してもらおうか？　潤ちゃんが麺食べに行くって言ってたから昼はいっしょに行く？　ああ、あのくせになる味の麺。勝手に冷蔵庫から出した甘い飲み物といっしょに食べるやつね。笠原さんとこの子たちが小学校訪問に行くらしいよ、じゃあ子どもだけでも行ってきたら？　うちの子いっしょに連れてってくれるって。上田さんに連絡してみるね。彼が連絡をマメにしてくれるから、素直に子どもをあずけられるね。あの人たちは子どもの安全を絶対守ってくれる。

ここで会う人たちは、みんなしっかりした人たちだから安心できるね。

部屋のシャワーはたまに出なかったりするけど、プールに入っちゃえばまあいいか。

昼間は働いている人たちがずっと庭そうじをしている。風で落ちた枝を取ったり、ほうきで床を掃いたり。そのテンポははりきりすぎでもさぼっているのでもなく、ゆるくていい音をたてている。兄貴はそこにいないけれど、いい子も悪い子も、遊んでる子もまじめな子も、賢い子もぼうっとしている子も、みんな兄貴のまなざしを感じている。だから平和なのだ。安心しているのだ。

ラーメンおいしかったねえ、まだ残ってるドリアンにさっき買った白ワインを合わせたらどうだろう？　ちょっと寄って飲んでいったら？　いいですねえ。

そんな会話を、プールを抜けるさわやかな風に乗ってきたハエさえもきっと、心地よく聞いているだろう。

そんな一日をゆっくり終えると、夕方どこで晩ごはんを食べるか連絡が来る。
今日は兄貴のところで兄貴といっしょに食べるんだって、わーい。
兄貴がカレー作ってくれたらしいよ！
マグロのお刺身もあるって！
昨日は兄貴が忙しかったから、私たち夜中からの参加だったもんね。

夕方、空が青やピンクやオレンジや、信じられないくらい輝いて輝いて、その光は消えていく。そしてズドンと群青《ぐんじょう》になる前に、兄貴の家の明かりを目指して玄関をくぐっていこう。以前リビングだった場所にはまだあの日のみんなの笑い声が響いているみたいで少し淋しい。アロワナのキンちゃんも少し淋しそうだ。でも子犬が転がり出てきて、ひろさんやさきさんが日本語で温かく迎えてくれたら、今はもう今なんだから今のほうがいいや、と思えてくる。

みんなでテーブルを囲んで兄貴を待とう。

テーブルの上には今日だけの心づくしのごちそうが並んでいる。

圭一さんがいるから、深夜にはラーメンも出るかも。

潤ちゃんが日本からわざわざ持ってきた潤ちゃんが経営してるお店のつくね、でっかくておいしそうだね！

兄貴が来たら、みんなでごはんをいただこう。

思い思いの飲み物をお願いして、兄貴の低い声が、お手伝いさんを呼ぶきれいな手の音がリビングに響くのを楽しみに待とう。

幸せな夏の夕まずめは永遠に続くみたいにそこにある。

でもここにいる私たち、百年後にはもうみんなこの世にいないんだね。

そう思うと全てが愛おしくて、兄貴の、口角がきゅっとあがったかわいい笑顔に会いたくなる。

だから大きく考えていこうや！　大目に見ようや！

そう言ってくれるのを待ってる。

兄貴、その楽しくて大変な人生の時間を、みんなに分けてくれてありがとう。

丸尾孝俊

まるお たかとし

大阪府生まれ。3歳で母親が家を出る。暴走族を経て、中学校卒業後、看板屋に丁稚奉公。現在、バリを中心に数百ヘクタールの不動産資産、数十軒の自宅所有。自治体へのインフラ寄付などの社会貢献も積極的に行っており国外から日本を応援する。著書に『出稼げば大富豪』『大富豪アニキの教え』など多数。「神様はバリにいる」など映画化もされている。

DMMサロン 兄貴リゾートライフ

成功のための最新情報や兄貴動画配信！

日々成長と幸せの秘訣をフェイスブック上で発信！

https://lounge.dmm.com/detail/676/

出稼げば大富豪オフィシャルサイト

兄貴に会いに行くツアー 関連書籍や企画についての最新情報満載！

http://www.dekasego.com/

吉本ばなな

よしもと ばなな

1964年東京都生まれ。日本大学藝術学部文芸学科卒業。87年『キッチン』で第6回海燕新人文学賞を受賞しデビュー。89年『キッチン』『うたかた／サンクチュアリ』で第39回芸術選奨文部大臣新人賞、同年『TUGUMI』で第2回山本周五郎賞、95年『アムリタ』で第5回紫式部文学賞、2000年『不倫と南米』で第10回ドゥマゴ文学賞を受賞。著作は30か国以上で翻訳出版されており、海外での受賞も多数。近著に『吹上奇譚 第一話 ミミとこだち』『切なくそして幸せな、タピオカの夢』がある。noteにて配信中のメルマガ「どくだみちゃんとふしばな」（https://note.mu/d-f）をまとめた単行本も発売中。

にぎやかだけど、たったひとりで

人生が変わる、大富豪の33の教え

2018年10月25日 第1刷発行

著者
丸尾孝俊　吉本ばなな

発行者
見城 徹

発行所

GENTOSHA

株式会社 幻冬舎
〒151-0051 東京都渋谷区千駄ヶ谷4-9-7
電話 03-5411-6211(編集) 03-5411-6222(営業)
振替 00120-8-767643

印刷・製本所
中央精版印刷株式会社

検印廃止

万一、落丁乱丁のある場合は送料小社負担でお取替致します。
小社宛にお送り下さい。
本書の一部あるいは全部を無断で複写複製することは、
法律で認められた場合を除き、著作権の侵害となります。
定価はカバーに表示してあります。

© TAKATOSHI MARUO, BANANA YOSHIMOTO, GENTOSHA 2018 Printed in Japan
ISBN978-4-344-03375-7 C0095

幻冬舎ホームページアドレス http://www.gentosha.co.jp/
この本に関するご意見・ご感想をメールでお寄せいただく場合は、
comment@gentosha.co.jpまで。